CHANTAL MAUDUIT

Alexandre Duyck

Chantal Mauduit
Elle grimpait sur les nuages

Guérin
éditions Paulsen

À mes étoiles

Chapitre I

LA CAISSE EN OSIER

« J'aimerais faire de l'alpinisme,
malgré les dangers qui nous épient »

La maison de Bernard Mauduit se trouve sur les hauteurs de Chambéry, à Barberaz. Sur un beau meuble ancien du salon trônent cinq photos de famille en noir et blanc. Sur la deuxième en partant de la gauche, Chantal, petite brune bouclée qui fêtera ses 3 ans une semaine plus tard, pose avec son frère François et sa sœur Anne assis dans un canapé. Sur une autre commode savoyarde, une photo. Une seule : Chantal adulte, radieuse. Elle porte un pull rouge et rit aux éclats. Sa chambre, première à gauche du long couloir, n'a guère changé depuis sa mort au Népal, le 13 mai 1998, sur les pentes du Dhaulagiri, par la faute d'une avalanche. Des livres, des livres, encore des livres. Trois grands tournesols en plastique, des photos, le canard jaune en peluche qu'Anne lui avait offert, des cailloux, des petits personnages, des souvenirs d'expédition disposés sur les étagères. Un lit. Une malle militaire bleue remplie jusqu'à ras bord de milliers de diapositives prises par Chantal. Et une caisse en osier contenant un trésor : 37 carnets[1] rédigés par elle où l'année est soigneusement notée

---

1. Pour la facilité du récit, nous les avons numérotés, de 1 à 37.

en couverture ou en page de garde : journaux intimes, carnets d'expédition, poésies, lettres…

Pour les besoins de ce livre, Bernard, son père, François, son frère et Anne, sa sœur, ont accepté de me confier ces carnets et ces cahiers de toutes les couleurs, aux couvertures parfois décorées, d'autres fois restées nues, seulement marquées le plus souvent du logo Clairefontaine. Des reliques, ce qu'il reste d'une trop courte vie, des pages que seul le père de la disparue avait lues, le frère et la sœur n'y parvenant pas, tétanisés par la douleur et le deuil. François nous apporte la caisse, la pose délicatement sur l'une des tables du salon, se saisit d'un carnet, l'ouvre au hasard. Deux photos d'identité de sa sœur en tombent. « Papa, tu les connaissais ces photos ? » Il ne les avait jamais vues.

Le père et le frère se souviennent d'une perle de gosse. Drôle, espiègle, jolie comme un cœur, toute menue. Une gamine de carte postale, une image d'Épinal aux cheveux bouclés. Un sourire d'ange, de beaux cheveux noirs, un caractère de cochon, une sacrée bouille. Rien ne manque, tout y est déjà. La force, le caractère, le charme, l'esprit, l'humour et la poésie.

On ne saurait le deviner mais Chantal a été un bébé très fragile, victime de diarrhées en continu. Souffrant de toxicose, elle est soignée à coups de piqûres de sérum physiologique de 20 centimètres cubes dans le dos. « À 7 ou 8 mois, elle avait des poches sous les yeux grosses comme le pouce », se souvient son père. Les psychologues amateurs y puiseront les explications nécessaires à l'incroyable résistance à l'effort et à la douleur dont le bébé devenu grand fera un jour preuve.

Elle a 10 ans et nous sommes en 1974. Son oncle Christian, par ailleurs son parrain, lui offre un petit sac à dos de montagne pour aller grimper en famille. Elle n'est pas plus haute que trois pommes, le gentil parrain a cru bien faire en lui offrant un sac taille enfant. Logique, non ? Vexée comme un pou, la gosse fait une scène, elle en voulait un pour les grands, le même que ceux de son frère et de sa sœur aînés, pas un sac de minus pour mini-marcheurs. Elle l'aura bientôt, ce sac presqu'aussi grand qu'elle. En attendant, on lui propose d'y glisser une gourde. Pas assez lourde ! En cette belle journée de 1974, c'est avec un petit sac à dos bourré de cailloux qu'elle s'en va gravir le Ruan en famille. Elle est là pour en baver et adore déjà ça. D'autant qu'elle ne souffre guère en vérité, progressant à la vitesse d'un jeune chamois sautant gaiement sur les hauteurs enneigées. Les adultes ont presque du mal à la suivre. Elle est heureuse et peste pourtant, maudit soit ce sac pour petits grimpeurs. Patience, petite Chantal : dans cinq ans à peine, aucun de tes proches ne pourra plus suivre ton rythme léger et effréné. Dans vingt-deux ans, un grand quotidien parisien publiera ton portrait et te qualifiera de « star de l'alpinisme ».[2]

*

Chantal Mauduit est née parisienne, le 24 mars 1964, dans le 15ᵉ arrondissement. Elle est le troisième et dernier enfant d'une famille joyeuse et aisée juste ce qu'il faut, fruit des hasards de la vie et d'une consigne donnée un jour à son père par son directeur. En 1957, Bernard Mauduit commence une belle carrière d'ingénieur chez Saint-Gobain (il deviendra spécialiste de l'amélioration de l'isolation des bâtiments). Quand son patron reçoit

---

2. « De la montagne avant toute chose », *Libération*, 1ᵉʳ juillet 1996.

la visite d'une grosse pointure lyonnaise, un client important qui se rend à la capitale accompagné de son assistante, Renée, il lui lance : « Vous ferez visiter Paris à Mlle Autrand, c'est un ordre ! » Le jeune Bernard fait la tronche : son patron le prendrait-il pour un chaperon, une nounou, une Mary Poppins au masculin des années 1950 ? Il obtempère en boudant. Il est d'autant plus furieux qu'il va manquer une séance de planeur, sa passion. On dirait une scène de comédie romantique américaine : au terme d'une promenade parisienne, puis d'une brève relation épistolaire, Bernard et Renée se marient le 26 avril 1958. Ils ont tous deux 30 ans. Trois enfants naissent en peu d'années : François, en 1959 ; Anne, en 1961 ; Chantal, en 1964. Le premier développe aujourd'hui des systèmes informatiques et vit à Chambéry, Anne est médecin et habite à Briançon. Leur mère, femme lettrée, généreuse, enjouée, toujours tournée vers les autres, est décédée d'un cancer en 1979, l'année des 15 ans de Chantal.

De Bernard Mauduit, espiègle grand-père de 86 ans, nous dirons qu'il en paraît quinze de moins, qu'il ramasse un objet tombé au sol à la vitesse d'un oiseau de proie, qu'il vole toujours en planeur après avoir commencé la plongée sous-marine à 70 ans et que l'hiver venu, il termine sa journée de ski à l'heure de la fermeture des pistes. Les chiens ne font pas des chats. Nous y reviendrons… Trouvé dans l'un des premiers carnets de Chantal :

> « Octobre 77. Mes parents ! Je les aime bien ! C'est vrai, je ne dirai jamais que j'aime mieux l'un à l'autre ! Parce que ce n'est pas vrai, et ça serait méchant ! Hier, à moitié endormie, devant la télé, j'étais rudement bien entre mon père et ma mère ! »

*

Ce fut l'idée du siècle, ou tout comme. La décision qui dessina une vie, une passion, un plaisir si puissant qu'il en deviendra incompréhensible à bien des proches. En 1967, Bernard Mauduit choisit de faire construire un chalet en Haute-Savoie, dans le village de Sixt. Où sommes-nous ? Dans la vallée dite de « Sixt-Fer-à-Cheval », à deux pas de Samoëns. Au nord, Morzine puis le lac Léman et la Suisse ; au sud, le plateau d'Assy ; à l'ouest, Cluses et l'industrieuse vallée de l'Arve ; à l'est, Vallorcine, la sublime réserve des Aiguilles Rouges et les glaciers du massif du Mont-Blanc. Après la géographie, place à un tout petit cours d'histoire : découvert lui aussi par des Anglais (l'Alpine Club de Londres ne fut-il pas le premier club alpin au monde ?), Sixt reçoit, à partir du XVIIIe siècle, la visite de scientifiques, en particulier des géologues et des naturalistes. Aujourd'hui encore, le Jardin botanique alpin La Jaÿsinia, situé à Samoëns, dépend du Muséum d'histoire naturelle de Paris. Un temps, les Sizerets crurent pouvoir devenir riches grâce au minerai de fer. Ce « rêve minier » coûta la vie à Jacques Balmat, le pionnier du mont Blanc, mort en cherchant de l'or à l'âge de 72 ans, dans le secteur du mont Ruan.

Les Mauduit sont venus une première fois en vacances en 1962, puis quelques fois encore. Coup de foudre, achat du terrain, chantier confié à des artisans du coin… « Ossature obligatoire en sapin de Sixt, planches de Sixt pour la porte… L'ossature du chalet fut terminée en dix jours, se souvient Bernard Mauduit. Dès lors, nous y sommes allés pour toutes les vacances scolaires. Il y avait beaucoup plus de neige que maintenant, il y en avait même assez pour skier à Pâques. C'est bien simple : les enfants voulaient toujours aller à la montagne et leurs cousins aussi. »[3]

En 1968, la famille y passe le joyeux mois de mai, à des années-lumière de la castagne et des manifestations parisiennes. Chantal a 4 ans et cavale déjà comme une petite Népalaise sur le chemin de l'école. L'année suivante, en 1969, Bernard Mauduit est nommé à l'usine Saint-Gobain de Chambéry. L'ingénieur pousse un *ouf* de soulagement en quittant Fresnes et la banlieue parisienne. Résidence principale à Chambéry, secondaire à Sixt : côté montagnes et grimpe, les Mauduit sont servis.

En remontant l'arbre généalogique de la famille, on trouve des médecins à tous les étages, dont Anne, la sœur aînée de Chantal et un glorieux ancêtre médecin général de l'armée de Napoléon III ; une grand-mère, Marthe Autrand, qui participait aux réunions électorales avant même l'attribution du droit de vote aux femmes ; mais nul montagnard. Du côté maternel, des Lyonnais restés dans les plaines. Du côté paternel, des Normands n'ayant jamais skié sauf un cousin éloigné, Georges Mauduit, cinquième du classement général de la Coupe du monde de ski alpin en 1967, neuvième aux JO de Grenoble l'année suivante, talentueux skieur resté dans l'ombre des trois médailles d'or olympiques de Jean-Claude Killy. Mais au fait, pourquoi cet attrait pour la montagne de la part d'un Normand ? Ni Anne ni François, réunis ce jour de mai 2015 dans la maison familiale, ne savent répondre. Le téléphone sonne, c'est justement leur père.

Anne. – Dis donc Papa, tu as découvert quand la montagne en fait ?

---

3. Entretien avec l'auteur.

Bernard Mauduit. – Lors d'un camp de la Jeunesse ouvrière chrétienne dans le Vercors ; puis j'ai fait du planeur vers Grenoble en 1946. Et la première fois que j'ai fait du ski, c'était à Chamrousse l'hiver 1954-55, parce qu'il pleuvait à Grenoble et qu'il n'était pas possible de voler en planeur. »

La mutation à Chambéry ne devait donc rien au hasard. À l'appel des sommets, les Mauduit répondent plus que de raison. Pour Chantal, son frère et sa sœur, Sixt prend vite des airs de paradis sur Terre. Été comme hiver, les gosses dévalent la pente la plus proche du chalet, entament leurs premières balades en famille, vers le lac de Gers, à 1 544 mètres d'altitude, le long d'un ancien chemin muletier qui conduit à Chamonix, à 32 kilomètres. Dans peu d'années, ils l'avaleront en deux jours. Puis d'une traite. L'hiver, les rudes hivers d'antan (50 centimètres de neige tombent en une nuit lors du Noël 1968). Elle se jette joyeusement sur le tire-fesses, fait de la luge assise sur un sac plastique, tombe, se casse la figure, remonte la pente, redescend, remonte…

Chantal ne tient pas en place. Son père : « Elle s'emballait assez vite. À 3 ou 4 ans, elle avait menacé son frère d'un couteau lors d'une dispute ! Et à table, elle prenait toute la place ! »

Sur les vidéos qu'il a tournées en Super 8, les trois gamins Mauduit, au fil des saisons, font de la balançoire, skient, font de la luge, même l'été. Le dévalé sur l'herbe… Ils jouent aux maquisards, aux Indiens. Son frère François : « Elle voulait évidemment toujours être une Indienne ! On jouait aussi à canarder les vaches avec des pommes ! » Chantal porte un bonnet à pompon sur la tête, s'assied sur une vieille luge en bois, se renverse dans l'herbe haute.

Les jours de neige, les parents réveillent la fratrie vingt minutes plus tôt pour leur permettre d'aller faire des glissades dans le champ d'à-côté. Le fermier déneige à l'aide d'un chasse-neige bricolé… Avec les copains du village, ils vont gaiement à l'école de Barberaz qui, depuis, a été transformée en crèche et porte le nom de Chantal Mauduit. La môme grimace, ramasse la luge, remonte la pente gaillardement, et la dévale à nouveau.

À 5 ou 6 ans, à Sixt, elle tombe dans le ruisseau, se plaint à peine, pas de pleurs, nul hurlement, juste « j'ai mal ». Et une fracture du poignet. Le plâtre trône toujours dans le chalet au milieu des autres plâtres de Chantal et de ceux des autres enfants, tous exposés aux murs tels des trophées de chasse.

Son père ne garde pourtant pas le souvenir d'une petite fille casse-cou, du genre qu'on retrouve perchée sur le toit de la maison ou à se balancer au-dessus du vide. Plutôt d'une boule d'énergie, de joie de vivre et d'un sacré caractère. Il rappelle qu'elle ne supportait pas que des faits historiques aient pu se produire avant sa naissance, en somme en son absence. « Elle disait : "C'est pas vrai ! J'étais née quand Clovis était là !" » Elle veut tout faire, maintenant, sans perdre une seconde. Elle marche jusqu'à sept ou huit heures en montagne à 8 ans et n'a pas attendu d'avoir 10 ans pour décrocher sa troisième étoile au ski. Elle va vite enchaîner avec chamois et flèches, relatant le récit de ses victoires au fil de ses journaux intimes.

*

« Chantal a toujours aimé écrire, se souvient son frère, François, de cinq ans son aîné. Mais, gamine, elle a détruit les journaux intimes des premières années, de quand elle avait 7 ou 8 ans. » Restent fort heureusement tous les autres. À 12 ans, elle s'interroge déjà sur ce besoin d'écrire :

« Pourquoi écrire ce carnet ? En 1971 ou 72, j'ai entendu parler à la télé du *Journal d'Anne Frank* et me suis dit "pourquoi pas moi ?" Ça a été le début et puis maintenant c'est comme un animal par exemple, à qui on confie tout. Ça fait plaisir ! Je continuerai toujours mes carnets, c'est trop bien ! »

Début avril 1974, Georges Pompidou est mort. À 10 ans, elle note la liste des douze candidats à sa succession : Jacques Chaban-Delmas, Valéry Giscard d'Estaing, François Mitterrand... Elle s'attarde sur les petits soucis de la vie de tous les jours, les petits bobos, les plus gros (« une dalle de 75 kg est tombée sur le pied de papa »). Elle se réjouit que ses parents l'aient autorisée à arrêter la danse (« heureusement ! »), prend de plus en plus goût au judo et à la guitare. Elle note ses rêves. Puis, en date du 28 mai, ceci :

« La montagne. M. Boqueraz projette un film sur la montagne et c'est là que mon amour se manifeste. Tout d'abord, une immense falaise s'élève devant nous. Deux alpinistes partent à la conquête du col du Géant. »

Elle change de stylo et écrit les mots qui suivent, terriblement prémonitoires, en rouge :

« J'aimerais faire de l'alpinisme, malgré les dangers qui nous épient, malgré les séracs, les corniches, les avalanches. »

Au verso, elle dessine une montagne, une corde de rappel, un piton, une vire. Elle légende à l'aide de petites flèches ces trois derniers mots d'un vocabulaire bien technique pour une petite fille. Deux petits bonshommes gravissent la montagne, encordés, l'un se trouve au-dessus du vide. L'année suivante, elle persistera : « Quand je serai grande, je vivrai sur les monts. »

Ses jolis carnets sont parfaitement tenus, d'une belle écriture fluide et d'une orthographe maîtrisée. Dans l'un d'eux, qui porte en couverture les autocollants de Robin des bois et de la baleine de Pinocchio, elle dessine un tableau comparatif parce qu'à 10 ou 11 ans, il serait grand temps de se trouver un métier. Elle le fait à la Chantal, avec précision, intelligence et drôlerie, parfois involontaire.

> « Mon métier : lequel ? Trois métiers m'attirent, surtout un d'entre eux, détective. Je vais faire un tableau pour regarder lequel est le plus avantageux. »

À gauche, six catégories : « danger », « comment mieux le connaître », « avantage », « où l'exercer », « il faut pour l'être » et « encore ». En regard, trois colonnes pour les trois métiers en concurrence : détective, cascadeur à ski, vétérinaire. Elle remplit patiemment toutes les cases et en conclut que le métier de cascadeur à ski l'emporte, puisqu'il présente le plus d'avantages, notamment « goût du risque + goût de skier ».

À 11 ans, Chantal Mauduit a commencé à tracer sa voie. Plus tard, devenue adulte, elle écrira :

> « Ainsi depuis mon baptême je m'appelle Chantal, et ma passion de la montagne n'est qu'une histoire de rimes peu banale. Entre Chantal, "himal" ("montagne" en népalais) et "sidéral". Et oui, c'était écrit comme on dit, c'était écrit à la maternité, "Chantal" sur un petit ruban blanc accroché à mon poignet. Un œil perspicace eût pu lire en filigrane "himal" et ce jour-là tout oracle aurait vu briller mon étoile d'aventure comme un indicible tatouage, l'aventure en ceinture, l'aventure en pâture, l'aventure en azur. »

*

À l'école, tout va pour le mieux dans le meilleur des mondes. Chantal saute le CE1. Les trois enfants Mauduit sauteront tous une classe et se présenteront ainsi en avance au baccalauréat. Elle a 12 ans et demi, c'est la Noël 1976, elle est à Sixt, forcément.

> « Surtout sous la neige, éternel Sixt que tu me sembles beau et que tu l'es ! La neige, le vent, le froid s'emparent sans pitié de ta vallée. »

Elle s'enivre aux fumées qui s'échappent des cheminées :

> « Une fumée qui sent bon, une fumée de bois, une fumée qui tranche avec l'hiver si froid, si terrible. Cette fumée met de la chaleur dans nos cœurs et nous raffermit ! Il neige, monotonie de l'hiver, les cristaux de neige s'amoncellent sur le sol. »

Elle rêve d'épouser un champion de ski et de vivre dans une ferme mais ne comprend pas comment une de ses amies peut « déjà sortir avec un garçon, quelle idée ! » Comme elle avait savamment pesé le pour et le contre entre les trois métiers de ses rêves, elle dresse la liste de tous les prénoms de filles et de garçons qu'elle aime bien.

> « Je mettrai mes enfants au CAF[4] et j'irai en montagne, j'aurai une Jeep ou une Méhari ou une 2 chevaux, mon mari une moto ou une des trois voitures que je viens de citer et il faudrait que tous soient heureux, ne soyons pas égoïstes. Ce serait trop beau. Pauvre utopie que cela ! »

Elle a 12 ans et écrit : « Pauvre utopie que cela. » Avec sa sœur, elle a créé le Club de l'île secrète. Anne : « On planquait nos vélos

---

4. Club alpin français.

et on allait se réfugier sur une île située sur le Giffre, le torrent qui coule à Sixt. On avait élaboré des codes secrets et appris l'alphabet à l'envers. » Aujourd'hui encore, Anne Rivière, née Mauduit, sait le réciter à toute vitesse… Chantal passe avec succès la flèche :

> « 30 décembre 1976. Demain, je passe la flèche, étant donné que j'ai déjà la fléchette, je serai dans les 20 premiers sur 70 comme c'est classé par ordre de force, de capacité. Bonne chance je me souhaite, comme la providence le souhaite. »

Deux mois et demi plus tard, chamois de bronze et première compétition minimes lors d'un stage de ski à Courchevel :

> « 18 mars 1977 : j'ai eu mon chamois de bronze et j'ai gagné une médaille. J'en pète de joie ! »

Elle recouvre une page entière de son journal intime de références liées au ski alpin : Jean-Claude Killy, Dynastar, Rossignol, Perrine Pelen, Look, Chamonix, Val d'Isère, Guy Périllat, Sixt, Honoré Bonnet… Elle note tout, les aléas de la vie scolaire, les amitiés, des scènes de la vie de famille.

> « Ce matin Maman chantait : "Je voudrais manger des betteraves à La Havane, je voudrais manger des carottes à la Chambotte, je voudrais manger des patates à Zermatt…" »

À chaque page transparaît la joie de vivre, bonheur familial et personnel. Une gamine rédige son journal intime en découvrant les Beatles sur le magnétophone de sa grande sœur Anne et se fend d'une critique que the Fab Four auraient appréciée : « C'est chouette cette musique ! » Elle est bien intentionnée, développe sa conscience politique, souhaite une bonne année 1977 « à tous les étrangers, les pauvres, les orphelins, les prisonniers. Vive la liberté ! »

La poésie l'accompagne déjà. Elle compose « Invention » :
« D'un revers de la manche il s'essuie les lèvres,
Enfonce sa casquette dans son crâne.
Impatiente, je lui mande s'il m'aime.
De la tête il acquiesce, puis enfourche son vélo.
Le crissement des roues s'éloigne,
Emmenant à jamais l'amitié
Qui s'était donnée entre nous. »

Elle signe « Chantal », ne lit pas encore Nerval, ni René Char, ni Rimbaud. Elle ignore tout de l'auteur du *Bateau ivre,* ne sait pas qu'elle vivra trois ans de moins que lui non sans avoir été, elle aussi « absolument moderne » et avoir mené, comme lui, une existence libertaire et aventureuse. Que la poésie ne la quittera jamais de sa courte vie.

Le 23 mai 1996, deux ans presque jour pour jour avant sa mort, seule à 8 163 mètres d'altitude sur le sommet du Manaslu, elle lancera vingt et un mots dans l'air rare :
« L'espace est un bandit d'honneur
C'est à lui que tu penses
Quand tu suis le galop de ton cœur. »

Chapitre II

LE VIDE

« Maman a un cancer au saint »

Il n'est pas toujours aisé de jouer au biographe. De se retrouver seul dans une salle à manger vaste et inconnue, devant une caisse en osier remplie de carnets d'expéditions et de journaux intimes soigneusement classés et confiés par la famille ; de lire les mots d'une femme morte il y a bientôt vingt ans, que j'avais interviewée avec bonheur quatre ou cinq fois au milieu des années 1990, à Paris et chez elle, aux Houches. Découvrir l'écriture manuscrite de Chantal Mauduit, entendre sa voix à travers ses écrits, lire une phrase rédigée enfant, qui interdit catégoriquement à quiconque de lire ses carnets, avoir donc la désagréable impression de violer son intimité, malgré l'autorisation familiale. Il faut alors faire le tri, respecter les secrets les plus intimes, s'enquérir de ce qui a compté le plus, de la façon la plus précise, la plus loyale, la plus éclairante qui soit pour conter une courte vie de trente-quatre années.

J'ai débuté le journalisme comme reporter, durant cinq ans, au service des Sports du *Journal du Dimanche*. Accueilli au sein d'une joyeuse et entraînante bande de journalistes à la culture encyclopédique (on nous appelait « l'État dans l'État »), j'étais le moins calé en matière de résultats, de palmarès, de connaissances du sport. Mais ayant longtemps vécu en Haute-Savoie, ce qui ne constitue pas une garantie mais peut prédisposer à, je m'intéressais à la montagne et à ses héros simples et magnifiques, vivant modestement, à des années-lumière des footballeurs fortunés que nous encensions chaque semaine (Chantal est morte en 1998, l'année de la victoire de la France en Coupe du monde) et, trouvais-je, tellement plus passionnants à raconter : Éric Escoffier, Christophe Profit, Jean-Christophe Lafaille, Benoît Chamoux, Chantal Mauduit… Les stars de la haute montagne à la française des années 1990, du temps où *Libération* consacrait ses prestigieux portraits de dernière page à des alpinistes, où *Paris-Match* glorifiait encore les héritiers des *Conquérants de l'inutile*. J'ai ensuite parcouru la France puis le monde pour raconter des histoires, faire des reportages, « cette menace pour les idées qu'on s'était faites auparavant », disait le grand Jean Lacouture, le reportage dans toute son évidente simplicité, avec une aversion naturelle pour le fait divers et son indispensable souci de l'indiscrétion.

Le biographe qui s'attaque au récit de la vie d'une disparue doit en passer par là. Forcer sa nature et demander aux survivants d'évoquer celle qu'ils ont vu grandir, qu'ils ont côtoyée tout au long de sa vie, qu'ils ont aimée. Brusquer ceux qui demeurent inconsolables depuis sa disparition, être le témoin terriblement embarrassé de pleurs, d'expressions de la colère du deuil. Un frère, François, qui surgit dans le salon de la maison de Barberaz, la caisse des journaux intimes et des carnets d'expé de Chantal dans les bras et m'accueille avec bienveillance et générosité, partageant ses souvenirs et ses déjeuners, dissimulant parfois sa peine derrière un humour très drôle et très noir ; une sœur, Anne, venue courageusement de Briançon, en pleurant, pour me rencontrer, bouleversée par la vision des carnets qu'elle n'avait jamais ouverts, par le récit des souvenirs d'enfance et que les départs en Himalaya de Chantal angoissaient toujours (la peur qu'elle ne revienne pas) ; un père, Bernard, intarissable sur sa fille disparue, sur son épouse décédée et ses deux autres enfants, émouvant et espiègle vieil homme qui rit comme un gosse en se remémorant telle bêtise, telle phrase, tel beau souvenir, dissimule bravement son chagrin, tient à me montrer des extraits d'émissions consacrées à Chantal, enregistrées sur de vieilles cassettes vidéo mais qui oublie ma présence après quelques minutes pour mieux se replonger dans ces images sans doute revues des dizaines de fois au fil des ans. C'est compliqué de faire parler un homme de sa fille morte à 34 ans dans une avalanche, je voudrais bien vous y voir… Et je n'oublie pas les amours de la belle, ces hommes qui, aussi marqués par la vie, durs au mal, montagnards et guerriers soient-ils, ont tous eu, à un moment de nos entretiens, les larmes aux yeux en évoquant cette femme tant aimée. Comme dirait son frère François, « elle en a fait tourner des têtes ! »

*

1er avril 1974, veille de la mort de Georges Pompidou. La date est restée ancrée à vie dans la mémoire de Bernard Mauduit. Renée, son épouse, est opérée pour la première fois du cancer du sein dont elle est atteinte. Aucun des enfants n'a été mis au courant, la vie continue comme si de rien n'était même si leur mère s'absente régulièrement pour aller se faire soigner à Lyon, revenant bien fatiguée de son combat contre le crabe. Nulle trace d'inquiétude dans les carnets de Chantal qui ne se doute de rien. Le quotidien joyeux d'une gosse entourée de ses parents, de ses frères et sœurs, de ses copines, qui parle de ski, de guitare, de poésie… Puis un jour tout s'arrête, adieu le train-train joyeux, place à la stupeur et à la peur. À la maison, Anne et Chantal entendent une voisine parler de leur mère et prononcer ces trois mots terrifiants : « Cancer du sein. » Anne : « On était en train de faire nos devoirs dans le salon, on a rangé toutes nos affaires et on a foncé dans notre chambre. »

Le 15 juin 1974, Chantal écrit dans son journal, en rouge :

> « Maman a un cancer au saint *(sic)*. Elle est née sous le signe du Cancer, quelle coïncidence. Seigneur, fais que maman guérisse vite ! »

Hasard ou acte manqué ? Le carnet restera exceptionnellement ouvert à cette page au vu de tous et sa mère lira ces quelques lignes.

Chantal est tenue à l'écart de l'évolution de la maladie. Sa mère semble en bonne forme, les adultes la rassurent, le train-train reprend. Chambéry, Sixt, Noël en famille, un grand frère qui part faire maths sup et maths spé puis intègre Centrale, une grande sœur complice qui la réconforte, des parents soudés. Les jours puis les mois passent, Maman ne se meurt pas, l'angoisse s'efface, Chantal poursuit sa vie, scolarité tranquille et facile et carrière prometteuse de jeune championne de ski.

> 14 décembre 1976 : « Fan de ski. Ce sport est angoissant, envoûtant. Quelle sensation formidable quand vous vous laissez dévaler à toute vitesse aux revers des talus, au fort des pentes, sillonnant cette neige immaculée. Quelle émotion quand une bosse traîtresse dissimulée sous cette fine pellicule de poudre blanche vous fait dévier… »

Vingt ans plus tard, le *Dauphiné Libéré* publiera une photo d'elle accompagnée de ce court texte : « Reconnaissez-vous cette adolescente souriante qui reçoit une coupe ? C'est Chantal Mauduit, alors qu'elle était membre du TCAM[5]. Une photo retrouvée à l'heure où le club rouvre l'album de famille et se prépare à fêter ses 90 ans… » Elle porte un anorak et une marinière. La photo est publiée en noir et blanc, Chantal a peut-être 14 ou 15 ans. Sélectionnée en équipe de Savoie citadine, elle rêve de devenir une championne mais il va falloir déchanter et remettre les pieds sur terre, elle n'en a ni les capacités ni finalement l'envie. Son père : « Elle a remporté quelques compétitions régionales, un titre de championne de France en monoski mais elle n'était pas assez forte pour la haute compétition. Disons qu'elle se situait aux portes de l'équipe de France. » Qui sait ce qu'aurait donné une vie passée en station et non à Chambéry, à skier tous les jours et non seulement les jeudis et les week-ends ? Comme son frère et sa sœur, elle est inscrite au TCAM et attend avec impatience les fins de semaine.

29 mars 1978 (elle a 14 ans) : « Depuis l'âge de 6 ans, je suis sur des planches. Et d'année en année, je goûte à ces joies. Descendre tout droit, à toute vitesse, godiller dans la poudreuse et se retourner et contempler ses traces : que d'instants inoubliables. Puis, la compétition est arrivée avec le TCAM. Et maintenant plus que jamais, j'adore le ski ! J'aimerais aller en ski-étude, peu m'importe d'être pensionnaire ! »

Elle n'ira pas en pension. Ses parents exigent qu'elle sache bien skier et pratique un autre sport mais se font une haute idée

---

5. Touristes chambériens et amis de la montagne.

de la scolarité de leurs enfants. Le niveau scolaire étant jugé trop faible en sport-études, Chantal essuie un *non* qui ne souffre aucune contestation. Mais chaque année, elle brûle d'impatience à l'approche de l'hiver.

> « Je suis devenue dingue ! J'adore le ski ! J'attends avec frénésie la saison prochaine, avec la compétition ! »

Elle parle de se faire acheter un fuseau et le tee-shirt à manches longues du TCAM.

> « François m'a dit que je ferai l'hélico cette année ! Je dois cette passion évidemment à mes parents, aux monos et beaucoup à François, qui m'entraîne partout ! Tous les jours, toute l'année je ne pense qu'au ski ! »

Le « ski acrobatique » est alors à la mode, et notamment sa figure phare, l'hélico, qui consiste à décoller sur une bosse et effectuer un tour complet sur soi-même. Après un nombre incalculable de sauts, Anne, 15 ans, excellente skieuse, se décourage. Chantal, 12 ans, s'acharne et y parvient. Il n'était pas concevable pour elle de ne pas arriver à « faire le 360° ». Le chalet de Sixt est situé à 760 mètres d'altitude, le départ des pistes cent mètres plus haut.

Voici les trois frères et sœurs traçant dans la neige jusqu'aux genoux, parfois accompagnés de leur père, vers les remontées mécaniques. Des journées entières de sport, premiers à monter, derniers à descendre, déjeunant à la va-vite, assis sur le télésiège ou debout accrochés au téléski. Anne : « On n'arrêtait jamais ! » Seule Renée ne skie pas. Trop de vitesse et de glisse, jamais à son aise. Elle consacre les journées d'hiver à préparer des beignets aux pommes et des crêpes et à lire des heures durant, tandis que les quatre autres membres de la famille se défoulent.

Chantal continue de rédiger ses journaux intimes et d'écrire sur elle, sur la vie, le ski, sa famille, la politique… Elle est maintenant en troisième.

> « Je vais vous parler de moi, un peu. J'ai pas toujours un caractère facile, faut bien l'admettre mais j'aime bien rire. J'aime bien me promener dans la montagne, regarder les paysages, surtout les montagnes enneigées. J'adore le ski, c'est enivrant. J'ai beaucoup de baratin et j'ai la langue bien pendue. J'ai un magnéto, des skis, qu'est-ce que j'en ai de la chance ! »

Elle continue de composer des poèmes où l'angoisse plane parfois.

> Novembre 1978 : « Un enfant, assis parmi des feuilles mortes, contemplait la parure d'un hêtre. Son regard, si pur, fixant une feuille, provoqua sa chute. Le visage de l'enfant s'illumina ; elle virevoltait au gré du vent pour mourir sur le sol… Une rafale en détacha d'autres et sortit l'enfant de sa torpeur. Battant l'air de ses bras, il courait en tous sens. Elles tourbillonnaient, lui frôlaient le visage, les mains. Mais échappaient toujours aux mouvements désordonnés de ses bras. Puis découragé et lassé, il s'allongea sur un trou de feuilles mortes »

Elle commente l'actualité : à peine élu, le pape Jean-Paul est assassiné. Son successeur sur le trône de Pierre, Jean-Paul II, est un Polonais inconnu du nom de Karol Wojtyla.

> « Bon courage au prochain pape et plus longue vie ! Il n'a que 58 ans et une bouille amusante. C'est le premier pape non italien depuis 1522 ! Bonne chance à Jean-Paul II ! »

Elle invente aussi « Le journal de Cucu la praline », une page entière dans l'un de ses carnets qu'elle dessine sous la forme d'un quotidien ressemblant à *L'Équipe.*

> « Interview exclusive d'une championne illustre, Chantal
> Mauduit ! [...] La godille, le schuss, la vitesse, elle pouvait
> tout se permettre ! »

Elle ajoute des « photos exceptionnelles », en fait de simples vignettes autocollantes représentant des skieuses, du type de celles qu'ont eues entre les mains tous les mômes nés dans les années 1960 ou 1970.

*

Et soudain, l'escalade... L'envie irrépressible de découvrir autrement la montagne. Chantal n'éprouve aucune appréhension, aucune inquiétude face aux risques encourus. Elle a 15 ans.

> 14 juin 1979 : « Escalade. Je me suis engueulée à ce sujet
> avec les parents : "C'est dangereux et patati et patata".
> J'aurais aimé faire un stage : à l'eau ! Alors, j'attends
> d'être indépendante. Mais en attendant, je vais à une
> école d'escalade à Saint-Cassin avec une copine le mardi
> soir. Je dis que je vais au groupe du Laurier, comme c'est
> le même jour et que j'y vais depuis la rentrée ! J'adore
> l'escalade ! »

Le groupe du Laurier, son alibi, est un groupe de paroles chrétien auquel Chantal, en réalité, est très attachée. Elle le fréquentera encore plus souvent à la fin de l'année 1979 puis en 1980, quand aura frappé la tragédie familiale qui plane sournoisement au-dessus d'elle.

Nouvel écrit dans son carnet, en date du 30 juillet 1979 :

« Maman m'a dit que si je tenais à faire de l'escalade (Vainzou c't'orage ! pourvu que ça ne disjoncte pas !) il valait mieux que j'aie un bagage technique pour éviter de faire les conneries des estivants qui partent à midi (par exemple)... »

Le ski ne lui suffit plus, elle obtient ce qu'elle veut : un premier stage d'escalade. Elle rêve maintenant de haute montagne, écrit un passage de ce qu'elle imagine être son premier livre, qui s'intitulerait « La montagne et ses secrets ». Dans le chapitre intitulé « La conquête de l'aiguille du Midi », elle met en scène deux alpinistes.

« Au bout de quinze jours de marche, Olivier et Jean-Michel touchent à leur but. Le fluide glacial les gagne mais les deux alpinistes si près du but n'abandonnent pas. »

Son père l'a emmenée voir un documentaire sur l'ascension de l'Everest :

« C'est le pied ! Les Sherpas ! Incroyables ces femmes et ces hommes ! Et la montagne, si belle ! »

Elle insiste, reparle d'intégrer une section sport-études, mais ses parents ne faiblissent pas. Malgré tout, c'est ravie qu'elle part pour quatre semaines de séjour linguistique en Irlande. Comme dit M. Fourrière, le voisin : « attention, Calamity Chantal arrive !.... »

En rentrant de la verte Irlande, elle part faire les vendanges. Elle empoche 40 francs et s'en réjouit. Devenue adulte, comme beaucoup d'alpinistes, elle vivra dans l'inconfort, voire le dénuement, se contentant de peu, dépensant tout son argent dans les expéditions, se nourrissant de trois fois rien pour s'offrir un nouveau billet d'avion pour le Népal, roulant à vélo ou dans une vieille bagnole plutôt que dans un gros 4x4. Est-ce l'influence de sa grand-mère paternelle, figure emblématique de la famille, aïeule respectée de tous ayant élevé seule ses sept enfants et qui, durant la guerre, récupérait les toiles des parachutes pour confectionner des vêtements à ses enfants ? À 16 ans, Chantal écrit :

> « Les hommes, leur soif de fric ! Un métier ? Pour avoir une vie peinarde, confortable ! La vie ce n'est pas ça, NON ! J'aimerais être kiné pour aider les hommes et communiquer avec eux. On n'est pas là pour regarder le train passer, mais pour sauter en marche, et descendre là où il faut agir. »

*

La première vie de Chantal Mauduit s'achève à l'automne 1979. Finies les années d'enfance, portée par deux parents aimants et protecteurs, deux frère et sœur adorés, le ski, la montagne, la guitare, le chalet de Sixt. Place au drame, à l'épreuve de la mort au sein d'une famille déjà peu épargnée par le deuil. Du côté maternel, parmi les sept enfants de Marthe Autrand, six ont été ou vont être frappés par la mort d'un enfant, d'une compagne, d'un mari, d'un très proche : accident de montagne, de voiture, suicide, maladie…

Journal intime de Chantal, novembre 1979 :

> « Maman est morte. Elle est morte samedi 10 à 4 h 15 du matin. La dernière image que je conserve d'elle est son doux sourire qui semblait empreint de douceur, de calme. […] Ma petite maman manque, mais elle doit nous regarder vivre heureux ou presque. »

Bernard Mauduit n'a pas souhaité que nous en lisions plus sur la façon dont sa fille cadette évoque la disparition de sa mère. C'est lui qui lui annonça la tragique nouvelle. Anne : « Il s'est enfermé dans la chambre avec elle et lui a dit que Maman était morte. Je n'oublierai jamais le cri atroce de Chantal : "Non !" »

François, étudiant à Centrale à Paris, était revenu le week-end précédent pour dire au revoir à leur mère. Anne venait d'intégrer la fac de médecine de Lyon et se doutait que l'état de santé de Renée empirait, sans savoir que sa mort était si proche. Chantal, demeurée seule avec les parents, observait bien les absences répétées de sa mère, sa fatigue lancinante mais de là à se douter qu'elle était en train de succomber… Elle n'a que 15 ans et ne veut pas admettre que sa mère se meurt. D'ailleurs, sur les photos de famille prises comme toujours par Bernard, nulle trace de la mort qui rôde. L'été 1978, un peu plus d'un an plus tôt, une mère qui semble en pleine forme pose avec ses trois enfants adorés en Haute-Savoie sur fond de cascade et de forêt de résineux. Tous quatre fixent l'objectif à leur façon : Anne charmeuse ; Chantal espiègle ; Renée attentive ; François interloqué. Une autre photo montre Chantal jouant de la guitare, vêtue d'une marinière, à Sixt toujours. Une troisième, toujours l'année de ses 15 ans, face au mont Blanc. Anne et elle, de plus en plus belles. Tout juste Chantal arbore-t-elle sur celle-ci, et celle-ci seulement, un air triste qu'on ne lui connaissait pas.

François : « Chantal a pris en pleine poire la mort de notre mère. À la différence de moi qui me rendais bien compte que ça allait très mal finir et d'Anne, bien sûr, qui débutait ses années de médecine. » On songe à *Mia Madre,* où Nanni Moretti observe un frère et une sœur face à la mort prochaine de leur mère : le frère s'y est résolu, faisant preuve d'un doux fatalisme ; la sœur la refuse, hurle contre le médecin pourtant prévenant mais qui annonce la terrible nouvelle.

Bernard Mauduit se retrouve seul avec sa fille cadette. Anne et François vont revenir le plus souvent possible de Lyon et Paris mais le trajet, pour François, est interminable. Le TGV ne rapproche pas encore Paris de la Savoie. Le père s'occupe le mieux possible, seul, de son adolescente : « On a poursuivi la vie comme on a pu », dit-il.

Chantal s'appuie de plus en plus sur sa foi. Très croyante, alors presque mystique, elle prie déjà souvent, demandant même à Dieu de faire un petit geste au niveau météorologique…

> « Seigneur, faites que la neige tombe à la Giettaz afin que dimanche je puisse courir. C'est la dernière course avant le classement. J'ai fait 186,44 pts aux Saisies. Il faut que j'en fasse autant pour pouvoir courir les dimanches. Seigneur, Seigneur, trois dimanches d'annulés, non pas celui-ci ! Seigneur merci. »

L'histoire ne dit pas si la neige tomba et si sa prière fut exaucée. Elle prie pour le salut de sa mère et pour se rapprocher d'elle. Un soir d'octobre 1995, elle écrira, tandis qu'elle voyage à bord d'un train :

> « Mère, point n'est besoin de votre photo, vous êtes ma peau, mes os, mon fardeau que je promène du bas vers le haut. Émule de Rimbaud, je suis un piéton regardant le Beau. »

Dominique Fassetta est l'un de ses plus proches amis de jeunesse. Il a rencontré Chantal au lycée Vaugelas de Chambéry, elle est devenue sa confidente, « la sœur que je n'ai jamais eue », dit-il. Plus tard, quand Chantal partira en Himalaya, tous deux converseront régulièrement au sujet de la mort. Cette année-là, c'est de sa mère qu'elle lui parle souvent : « Chantal disait que

des trois enfants, elle était celle qui avait le plus hérité d'elle. »
Selon sa sœur, Chantal Mauduit restera chrétienne, priant pour sa
mère, recopiant, ou écrivant dans ses carnets, des pages entières de
prières chrétiennes. Mais elle trouvera aussi dans le bouddhisme
une source intarissable d'inspiration spirituelle et philosophique.

Frédérique Delrieu, qui l'a connue dans les dernières années
de sa vie, porte un regard différent sur sa foi : « Elle était effecti-
vement persuadée qu'il y avait un au-delà. Elle semblait persuadée
qu'elle retrouverait sa mère, mais en aucun cas, elle n'adhérait à
une religion. Elle disait que les religions, c'était des guerres et des
règles, qui avaient au moins servi à faire progresser l'art. »

*

L'été 1980, Bernard Mauduit décide de ne pas emmener ses
enfants passer les vacances à Sixt, un lieu trop chargé d'émotions
pesantes et de tristes souvenirs, moins d'un an après le décès de
son épouse. En route pour d'autres montagnes alpines, cap vers le
Sud. Les quatre séjournent dans le massif du Queyras, du côté de
Ceillac, à 1 650 mètres d'altitude, où ils rejoignent des amis de la
famille. Anne et François : « Notre père supporte ce qui est insupportable et grâce à lui, ce furent de bonnes vacances, malgré tout. »

Les photos prises durant l'été 1980 montrent de beaux et
joyeux adolescents, jolies filles et garçons musclés, tous semblent
s'amuser, ils font les fous. Au pays des anciennes mines de cuivre
du Queyras, entourés de mélèzes et d'écureuils noirs, ils gravissent
chaque jour un ou deux sommets encore enneigés, passent tout
leur temps entre 2 et 3 000 mètres. Chantal est radieuse, elle porte
des guêtres roses et des lunettes de glacier très datées années 1980.

Cet hiver, pendant un entraînement de ski, elle s'est fracturé l'astragale, un os de la partie supérieure du pied – une blessure extrêmement rare. Le médecin qui l'a prise en charge a cru bon de jouer les oiseaux de mauvais augure : « Vous ne pourrez plus jamais faire de sport ! » Chantal n'est pas longue à le détromper. En famille, sans faire de bruit, elle commence à collectionner les 3 000. Après le Buet (3 096 mètres) au-dessus de Sixt, elle gravit seule le Puy Gris (2 908 mètres) en Belledonne, pour voir si elle tient le coup…

Elle réalise toutes les courses possibles depuis le refuge du Folly à Samoëns. Dans le passage dit de la Boîte aux lettres, elle pose pour une fois en faisant la tête. Elle ne pratique plus seulement le ski alpin mais aussi le ski de randonnée, aux Arcs ou dans la vallée de Chamonix. Elle vient de terminer son premier stage d'escalade avec le CAF dans le massif de l'Oisans : « La concrétisation de mes rêves d'enfant. »

En cette année 1980, celle de ses 16 ans, Chantal Mauduit s'approche pas à pas des neiges éternelles dont elle rêvait dans ses cahiers.

Chapitre III

ALPINISTE

« Je n'arriverai jamais à 30 ans.
Mourir avant, je pense »

François et Chantal montent vers l'aiguille d'Argentière (3 901 mètres), dans le massif du Mont-Blanc. François a 20 ans, c'est un sportif accompli, un gaillard frêle mais solide, dur au froid, excellent skieur et grimpeur. Chantal en a 15.

François : « On progressait skis sur le sac, ma sœur faisait la trace et moi je n'arrivais plus à la suivre. On double un guide et ses clients. Épuisés, tous avaient déposé leurs skis. Et moi, je tentais de suivre Chantal… Quand je les ai dépassés, j'ai entendu le guide dire : "Mais putain, c'est qui cette fille qui grimpe comme un chamois ?" »

Autre souvenir au refuge Vallot (4 362 mètres), près du sommet du mont Blanc. La neige tombe toute la nuit. Chantal veut aller au sommet, François a renoncé : déraisonnable selon lui. Mais sa sœur sait-elle ce que *raisonnable* signifie ? Deux gars partent pour le sommet, Chantal leur propose de les accompagner. Les deux mecs acceptent en grimaçant, une fille… Inévitablement, elle va les retarder. Elle fait la trace, puis au bout d'un moment, se retourne : aucun des deux n'a réussi à la suivre.

Chantal est une adolescente menue (adulte, elle ne dépassera pas 1,64 mètre pour 47 kg). Elle ne connaît pas sa force. Son frère, à sa sœur et à leur père : « Vous vous souvenez ? Elle avait des muscles jusque dans les doigts. » À quoi la doit-elle, cette force secrète et sidérante ? À l'hérédité ? Après la mort de son épouse, son père a subi des tests médicaux. « Vous avez une formule sanguine de Tibétain ! » s'est exclamé le médecin. Fort à parier que ses trois enfants en ont hérité, la cadette plus encore que les autres : « Anne et surtout François avaient la caisse en montagne. Mais par rapport à Chantal, personne n'avait la caisse. » Et Bernard Mauduit de se souvenir, ému et amusé, d'un retour d'expédition himalayenne de sa fille. À la gare de Chambéry, il veut l'aider à porter un de ses deux sacs à dos. Impossible : chacun pèse 25 kg et les deux réunis pèsent donc plus lourd que sa fille. Un sur le dos, l'autre sur le ventre, la voici qui s'en va pourtant gaiement vers la voiture du paternel en lui racontant qu'à Paris, deux beaux jeunes hommes ont voulu faire les fiers à bras en l'aidant à porter les bagages. Eux non plus n'y sont pas parvenus et ont bien failli se briser le dos.

François se joint à la conversation : « C'est bien simple, moi j'ai le mal des montagnes à 3 400, elle c'était à partir de 7 000 et encore… On était toute une bande au couloir des Italiens, à la Grande Casse (3 855 m). J'avais 23 ans, Chantal 18. Encore une fois, on était tous incapables de la suivre. Avec mon copain Denis Rey, qui était guide, on montait à 800 mètres de dénivelé/heure ; elle à 1 200 ! » De la maison familiale de Barberaz, située à la verticale au-dessus de Chambéry, on aperçoit le massif des Bauges et notamment la montagne préférée de Bernard Mauduit, la Pointe de la Galoppaz (1 681 m). Combien de fois l'a-t-elle gravie au pas de course, cette bien nommée « la Galoppe » ?

Elle partait de la maison sur son vélo, l'abandonnait à mi-chemin des 1 300 mètres de dénivelé, finissait à pied, s'envolait du sommet en parapente avant de rentrer, toujours à pied, depuis les alentours de Chambéry.

*

Chantal a 17 ans. Elle skie toujours : ski alpin (hors piste le plus souvent) et de randonnée. Elle a renoncé à ses rêves de médailles olympiques. Elle grimpe, de plus en plus vite et de plus en haut : escalade, randonnée, haute montagne, été comme hiver. Son amour de la montagne grandit d'année en année.

« Elle nous accueille, à nous de nous avancer vers elle, de la comprendre, de l'aimer. L'inconquis, l'indomptable, le constant mystère, la joie de la découverte, comme pense Saint-Exupéry dans *Citadelle,* l'absence de structures rigides et connues, la splendeur de l'inutile, de l'inconnu, du secret qui est la liberté. Vigny exècre la nature, moi je l'adore. Dans *La Maison du berger,* il condamne sa froideur, moi, je la vénère. Il dénonce son désintérêt envers l'humain, moi je l'acclame. »

Elle est en terminale D (sciences naturelles) à Vaugelas, à Chambéry. Un an d'avance, une très bonne élève mais qui sait déjà, à la différence de son frère (élève ingénieur à Centrale-Paris) et de sa sœur (en médecine à Lyon), qu'elle ne fera pas de longues études. Non qu'elle n'en ait les capacités : elle n'en a tout simplement pas envie. Elle commence à songer à devenir kinésithérapeute. Eût-elle dessiné à nouveau le tableau comparatif de ses jeunes années (détective, cascadeur à ski, vétérinaire), qu'elle aurait aisément pu compléter les cases. Toutes les étoiles sont alignées : études courtes, métier intéressant et tourné vers les autres, contact humain, horaires variables et possibilité de l'exercer partout, le tout permettant de grimper le plus souvent possible, priorité des priorités. Les profs du lycée la jugent bonne élève, avec des résultats sans doute en dessous de ses possibilités mais la jeune Mauduit n'est pas un bourreau de travail scolaire. Elle est un peu dissipée, rigole beaucoup en classe, répond parfois aux profs, non par provocation mais au nom d'une liberté d'expression qu'elle estime nécessaire. Le prof de français la juge « intéressante » mais se félicite de ne pas avoir « que des élèves comme elle ». Sa collègue qui enseigne la philosophie en Terminale et vante la pensée de Proudhon (« La propriété, c'est le vol ! ») a le malheur de se plaindre de s'être fait voler son sac : elle essuie les railleries et l'ironie grinçante de la jeune insolente.

Contrairement aux idées reçues, les filles qui pratiquent l'escalade et la haute montagne ne courent pas les rues dans la préfecture de la Savoie et Chantal s'est rapidement fait une petite réputation au sein du lycée Vaugelas. C'est là, un jour de neige, que sa route croise celle d'un autre fou de montagne, un garçon de son âge, Pierre Neyret, son premier amour. Nous le rencontrons à Chambéry, où il vit toujours. Ce doux aventurier a touché à la haute montagne, au journalisme, au documentaire ; il est aujourd'hui guide. Il s'est spécialisé dans les voyages au Pakistan, où il emmène les trekkeurs ou les skieurs jusqu'au camp de base du K2, dans les massifs du Karakoram, de l'Hindou Kouch, du Pamir et du Nanga Parbat.

Chantal et lui sont nés la même année, 1964, sont tous les deux passionnés de grimpe et de ski. Faits l'un pour l'autre ? Tous deux timides : Pierre n'est pas un coureur de jupons, Chantal ne collectionne pas les garçons, ils ont d'autres priorités en tête. Pierre se souvient qu'ils se sont d'abord frôlés au pied des blocs de calcaire patiné de Saint-Cassin : « Jolie brune au sourire enjoué, plutôt bien placée sur les prises, pas du genre à redescendre quand les murs se redressent », a-t-il écrit dans un bel hommage à son premier amour[6]... « Elle était entourée d'amis et grimpait avec une corde. Je faisais le solitaire, à l'aise dans des mouvements que je connaissais par cœur. Timide, je n'osais aborder cette fille singulière aux yeux pétillants. »

Un jour d'hiver au lycée, Chantal lui lance une boule de neige en plein visage. « Elle me secoua et je l'invitai à grimper. » C'est le début d'une belle et folle décennie d'amour dédiée à la montagne. « Nous n'avions pas d'entrave, rien ne pouvait nous empêcher de réaliser nos rêves et nous n'en manquions pas. »

*

Pierre et Chantal décrochent leur bac en 1981. Carnet de Chantal, 5 août 1981 :

> « Dans la série "incroyable mais vrai", je présente : j'ai le bac D, en déconnant toute l'année, en faisant du ski, des cascades, en sortant le soir au théâtre, au ciné, au Laurier... et sans bosser le soir (j'y mettais, je crois, un petit point d'honneur, d'ailleurs facile à atteindre !) Ce pied ! Je suis étudiante ! Pardon ? Oui, étudiante ! »

Elle décide de partir à Lyon, à Grange Blanche, veut s'inscrire en médecine pour préparer le concours de kiné. Elle rejoint sa sœur qui se destine à devenir médecin. Pierre part de son côté

---

6. In *100 Alpinistes,* Guérin, 2015.

à Grenoble, en IUT d'informatique. Comme Chantal, il a choisi des études courtes : il veut un métier qui lui permette de rester dans la région et de grimper à sa guise. « Nos plans de carrière étaient minimalistes : gagner juste ce qu'il faut pour subvenir à notre passion, et garder notre liberté. Kiné permettrait de travailler ponctuellement en remplacements, et l'informatique, profession très demandée, me laisserait le choix de démissionner d'un poste à loisir. On a suivi notre plan et profité de cette douce insouciance post-adolescente pendant plusieurs années. »

De course en course, quelque chose se noue entre les deux passionnés, boulimiques, insatiables, inséparables. C'est début septembre 1981 que Chantal écrit dans son carnet :

« Pierre, on s'aime bien, je crois, j'en suis sûre même. »

Puis, quelques jours plus tard :

« Love. On s'aime ! Un regard suffit, pas de mots, on s'aime. Pierrot & me ! C'est beau mais ça fait peur ! Se perdre, non ? On s'aime, on s'adore, on a peur mais on s'aime c'est l'essentiel. Depuis le 15 septembre au Plan de l'Aiguille à Chamonix, l'amour a grandi. »

Des années plus tard, interviewée par le magazine *Montagnes* de France 3, elle confiera : « Je suis tombée amoureuse de quelqu'un qui aimait la montagne et on a partagé. J'avais beaucoup d'énergie à canaliser, sans ça je serais peut-être devenue gangster ou je ne sais quoi… »

Pierre est impressionné par son sang-froid. Il la voit plusieurs fois faire de grands vols et repartir aussi sec, écorchée mais pas refroidie. « On s'aimait », écrira-t-il. « On était deux âmes romantiques éprises de pureté et de liberté, portées par la même flamme pour la montagne et l'alpinisme. »

Immédiatement après le bac, Chantal a passé le concours d'entrée en médecine à Lyon : 2 550 candidats, 70 places en kiné… Zéro place pour elle qui part s'inscrire en première année de médecine, en touriste, le temps de repasser dans un an le concours de kiné. Elle se réjouit de voir François Mitterrand à l'Élysée :

« Je suis contente que ça change, qu'il y ait des socialistes
au pouvoir. En tout cas, ça remue les esprits ! »

La voici résolument catho de gauche, toujours aussi tournée vers les autres et croyante. La mort de sa mère n'a pas ébranlé sa foi, bien au contraire. Au lycée, elle était l'un des piliers du Laurier, un groupe de réflexion religieuse chambérien. Au mois de janvier, âgée de 16 ans et demi, elle écrit : « Mes valeurs : 1, l'amitié. 2 ou 1 bis, aider les autres. » Elle dessine des rayons de soleil, écrit : « Dieu est vivant », dédie une prière « pour ma sœur adorée eh eh, qui a du mal à respirer ». Elle écrit : « Dieu existe, j'en ai marre de ma prof de philo anti-croyante jusqu'au trognon ! »

En montagne, c'est d'abord Pierre qui décide un peu plus qu'elle de leurs projets de courses. Mais ça ne dure pas. Chantal se révèle d'une endurance, d'une autonomie et d'une capacité de récupération hors du commun. Pas virtuose de l'escalade mais d'un moral d'acier. Qu'importe le froid, la fatigue, la douleur, jamais à se plaindre, toujours à avancer. Comme la petite fille de 5 ou 6 ans qui s'est brisé le poignet dans le ruisseau à Sixt mais n'a pas pleuré…

Pierre Neyret : « Je tenais à l'emmener faire de la vraie escalade, des longueurs en tête, en falaise, plein gaz. J'étais persuadé de ses capacités et je l'ai tout de suite considérée comme mon égal dans notre cordée. On est allés à la falaise de la Chambotte, dans la voie du *Toit triangulaire* et j'ai laissé la plus belle et difficile longueur pour Chantal. C'était une des toutes premières fois qu'elle passait devant. Après une traversée très aérienne à l'horizontale jusqu'à l'angle gauche du surplomb, elle a disparu de ma vue dans la fissure verticale au-dessus. L'équipement était espacé, il fallait poser des coinceurs excentriques. La corde s'est arrêtée de filer. J'ai tourné la tête pour regarder le lac du Bourget, c'est très bucolique comme endroit. Un bruissement dans l'air, Chantal tombait du ciel dans un vol de 15 mètres, sans émettre le moindre son. Je lui ai proposé d'y aller à sa place, mais elle a préféré remonter tout de suite. Tenace et sans peur. »[7]

*

À son premier été d'alpinisme, Chantal note et classe sept courses (« 4 Oisans, 2 Vanoise, 1 Cham »), et cinq bivouacs (« 2 chauds, 1 tiédasse, 1 forcé et frais, 1 glacial »). Elle a atteint le mont Blanc du Tacul, son premier 4 000, au crépuscule :

> « À 19 h 30 en haut du Tacul. Partis à 16 heures du téléphérique, course le soir. Temps beurk alors bivouac à 3 700, entre des séracs et des crevasses, sur une plateforme de neige. Il neige ! Le vent ! La tempête ! La brume ! Non, ce n'est pas un cauchemar. »

Pierre et elle n'ont pas 18 ans. Il se souvient de la fierté éprouvée en racontant ses courses en montagne à ses parents. « Elle me répondait : "Chez moi, ils ne s'en rendent pas compte". » Chantal continue de fabriquer ses propres vêtements, une habitude prise

---

7. In *100 Alpinistes*, Guérin, 2015.

depuis longtemps avec Anne. Elle est une adolescente nature, cool disait-on alors. Elle ne se maquille jamais et se moque des diktats de la mode.

L'hiver ne calme pas leur ardeur. Ils tentent le mont Blanc à skis avec Jacques, le frère de Pierre. Découragés par l'affluence, ils dépassent le refuge des Grand Mulets. La nuit les surprend au Grand Plateau, le vent se lève. Ils arrivent à Vallot. Une galère sans nom, « la vraie merde ». Les frères Neyret sont assommés par le froid et l'altitude : « Nuit minable, avec maux de tête et grelottements ». Chantal, elle a bien dormi, « comme toujours ». Les deux frères restent au refuge tandis qu'elle part vers le sommet, malgré les conditions limite. Elle fait la trace, seule, sur l'arête des Bosses. « Elle était comme un enfant qui ne s'arrête plus de courir : grisée par le sommet, émerveillée ». Mais près du sommet, Chantal s'arrête devant une plaque à vent qu'elle juge trop dangereuse. Et fait demi-tour. « Sereine, résistante, autonome, et vigilante, une graine d'himalayiste », conclut Neyret.

Chantal et Pierre s'entendent à merveille. Ils sont jeunes et beaux, secs, musclés, délestés de tout plan de carrière, de toute angoisse. Autodidactes, ils ne fréquentent pas les clubs de montagne. Pierre a passé le permis de conduire, sésame inestimable qui va bientôt leur permettre de passer tous leurs week-ends et toutes leurs vacances dans les Alpes. Chaque vendredi soir, l'une quitte Lyon, l'autre Grenoble, ils ont attendu toute la semaine que ce moment vienne, les amoureux prennent le train des étudiants qui rentrent chez leurs parents et se retrouvent à Chambéry.

C'est le temps de l'insouciance. Pierre Neyret : « Nos disputes étaient très rares, exceptionnelles même. L'amour de la montagne, l'insouciance… Nous étions séduits par les mêmes choses, nous avions les mêmes envies de courses, la même façon de les faire ; Chantal a été une compagne de vie et de cordée idéale. Nous avions tous les deux une confiance absolue en les choix de l'autre. C'est incroyable de savoir que tu vis des expériences incroyables en montagne avec la personne avec qui, une fois rentré chez toi, tu vas pouvoir continuer à les partager. Une grande course marque l'esprit longtemps, deux à trois semaines je dirais. Elle te porte, te donne une énergie et une confiance en toi folles. C'est un émerveillement. Puis tu bascules vite dans la préparation de la suivante. J'ai vécu cela en continuité pendant dix ans avec elle. J'ai vécu une jeunesse formidable ! »

Ils grimpent à deux, parfois accompagnés de Jacques, le frère de Pierre. Tout leur temps libre est désormais consacré à l'alpinisme, à la grimpe, au raid à ski, à la cascade de glace. « Tout ce qui pouvait se faire, on le faisait. » Tout leur temps libre ou presque car pour Chantal, la vie sans culture ne vaut pas d'être vécue. Dans ses journaux intimes de l'époque, elle dit son amour pour les films de François Truffaut, sa détestation de *Mad Max* (« que de violence, de fric gâché ») et de *E.T.* (« nul ! »). Elle encense l'irrésistible et foutraque *Vie de Brian* des Monty Pythons, Pink Floyd et Renaud, qu'elle a vu en concert : « Super ce mec, il dit crûment, sans vulgarité un tas de choses sur les pauvres prolos, les gars et les filles de la rue. » Elle lit, elle lit, elle ne lit plus, elle engloutit les livres, dévore tout crus les romans, se forge une culture littéraire. Tandis qu'elle prépare le monitorat de ski alpin pour enfants, qu'elle n'obtient pas, à la différence de son frère et de sa sœur (« son ski était jugé trop offensif », estime Anne), elle note ses lectures dans ses carnets : en quelques mois, *La Puissance et la gloire* de Graham Green, *La Voie royale, Les Conquérants* et

L'Espoir de Malraux, *Regain* et *Que ma joie demeure* de Giono, *Les Frères Karamazov* et *L'Idiot* de Dostoïevski, *Le Désert de l'amour* de François Mauriac. Elle appelle cela « bouquiner »… J'oubliais (précisé plus loin dans ces cahiers), Camus, Vian, *L'Adieu aux armes* d'Ernest Hemingway et *Thérèse Raquin* d'Émile Zola : « Ambiance super réaliste, violence extrême. »

La littérature de montagne la passionne peu, à la différence de Pierre. Au collège, au bout de quatre exposés sur Frison-Roche, celui-ci s'est entendu dire par le prof de français qu'il « faudrait peut-être songer à passer à autre chose… » Mais leurs nouveaux projets, c'est dans le livre *Grandes Courses,* de François Labande, qu'ils les trouvent. Pilier sud des Écrins, voie *Pierre Allain* à la Meije, *Directe américaine* aux Drus, face ouest des Petites Jorasses, face nord des Courtes, des Droites, de la Dent Blanche, de l'Ailefroide dans les Écrins. Et toujours et encore le mont Blanc, « la seule vraie grosse montagne, de dimension himalayenne : La *Brenva* (Chantal toute seule), la *Major*, l'*Innominata*, Peuterey… » Elle note soigneusement toutes les courses : mont Blanc du Tacul, aiguille du Tour, aiguille d'Argentière, couloir des Italiens à la Grande Casse…

*

À l'été 1982, l'échec de l'année précédente est effacé : à 18 ans, Chantal est admise à l'école de kinésithérapie de la fac de médecine de Lyon. Le courrier d'admission au concours, en date du 24 juillet 1982, figure toujours dans son journal intime du moment, soigneusement collé. Les trois enfants Mauduit seront donc ingénieur, médecin et kiné. Les deux sœurs partagent le même appartement à Lyon. Déjà intimement liées par leur complicité, leurs trois petites années d'écart, le soutien mutuel qu'elles se sont apporté au moment de la mort de leur mère, Anne et Chantal construisent une nouvelle relation, encore plus forte. Jusqu'à la fin, jusqu'à la dernière page de son dernier carnet d'expé, celui retrouvé sur son corps sur les pentes du Dhaulagiri, Chantal s'adressera à sa sœur[8]. Près de trente-cinq ans après leurs années lyonnaises, Anne soupire et pleure doucement : « Nous étions comme ça… » Elle entremêle les doigts de ses deux mains, dessine une vague dans le vide, s'en tord les poignets de rage et de chagrin.

À Lyon, la cadette s'entraîne à l'escalade sur les quais du Rhône, comme avant elle, Éric Escoffier et tant d'autres.

> « 10 novembre 1983 : Entraînement sur les quais du Rhône. Je retrouve des potes sympas. Y'a des bêtes qui traînent, m'en fous, chacun son niveau ! Et je veux progresser, y'a pas à… chier ! Faut savoir ce que l'on veut ! Je préfère être sur les quais, grimper, me sortir du carcan de l'école de kiné ! Voir autre chose !!! »

Le vendredi soir sonne l'heure du retour à Chambéry et des retrouvailles avec Pierre. En stop, avec ou sans le frère de Pierre, à bord bientôt de la vieille Peugeot 204 (150 000 km au compteur) que François, parti étudier aux États-Unis à Berkeley, leur a laissée, ils prennent la direction des Écrins, de la Vanoise, du massif du Mont-Blanc, du Verdon, des Dentelles de Montmirail et des calanques de Marseille. Tout leur argent passe dans la montagne mais ils n'en ont guère, les voici qui partent donc mal équipés de vieilles cordes qui servent jusqu'à ce que la gaine pète, et là seule-

---

8. Lire chapitre XII.

ment ils se résignent à les changer. En montagne, ils bivouaquent à côté des refuges, se nourrissent de pâtes et de Figolu, dépensent 400 francs à deux dans tout l'été. « Quand on s'achetait un pot de miel, c'était le grand luxe ! Ceux qui bouffaient des pizzas à la Bérarde, c'était des nantis. » Difficile à imaginer aujourd'hui : on fait encore du camping sauvage à 10 minutes du centre de Chamonix.

*

Un nouvel été en montagne. Le temps de l'initiation est passé. « Sûrs de nous, on progressait vite, et Chantal n'avait aucun complexe devant la renommée des voies », écrit Pierre Neyret. Le pilier sud des Écrins est leur première grande course à deux. Suivent la *Directe américaine* aux Drus, le *Supercouloir* au mont Blanc du Tacul, la face nord des Droites, la *Major* au mont Blanc, la face sud de la Meije par la *Pierre Allain*.

Le ski de pente raide les passionne. En avril 1982, la Grande Casse. « Super dément ce mur à ski en neige croûtée », écrit Chantal. Vont-ils trop vite, trop loin ? Prennent-ils trop de risques ? François se souvient d'une course à skis à l'aiguille d'Argentière qui aurait pu très mal tourner : « On était fêlés ! On a emmené notre père qui, bien que très bon skieur, n'avait pas du tout le niveau et se cassait sans cesse la figure. À un moment, Papa est tombé à la descente et on a bien cru qu'il allait chuter dans la rimaye. On s'est regardés avec Chantal et, par miracle, il s'est récupéré car la neige n'était pas dure. Il s'est même endormi en pleine descente. »

Les souvenirs de François complètent le « super dément » dont Chantal gratifiait cette journée à la Grande Casse : « Je faisais des roulés-boulés, on descendait en godille, nos deux traces dessinaient des 8. À la montée, Pierre a crevé un pont de neige. Il a été sauvé par ses skis posés sur le sac à dos… »

À ski, Chantal attaque à fond, relève des défis, descend des pistes en marche arrière. Les cartons se succèdent. Concours de saut improvisé avec son frère à Samoëns. Juste avant de poser, elle se déséquilibre, donne un violent de coup de reins, retombe lourdement à plat : rupture des ligaments croisés du genou gauche (elle subira une blessure identique au genou droit en 1995, dans la Vallée Blanche). En deuxième année de kiné, l'apprentie soignante passe de l'autre côté du miroir. Sitôt refermée sa cicatrice de 22 centimètres sur la jambe gauche, elle entame des mois de rééducation, à raison de trois à quatre heures par jour. Elle veut tellement guérir vite qu'il faut l'attacher sur son lit pour qu'elle se repose. De tous les blessés du centre de rééducation, elle est toujours celle qui en demande le plus et quitte les soins la dernière, la seule qui se soit fabriqué ses propres poids. Elle ne sait pas s'arrêter, patience et longueur de temps, censées faire plus que force ni que rage, ne font pas partie de son vocabulaire. La rééducation touche à sa fin, le kiné l'autorise à refaire du sport. Elle saute de joie : « Vraiment ? » « Oui, oui ! » Son père s'en souvient comme si c'était hier. « Nous avons fait un premier essai à vélo : Chambéry, Aix-les-Bains, le Revard, descente par la Féclaz. Elle n'a pas eu de difficulté. Donc, elle a pensé à un circuit plus difficile, sur deux jours, par les cols du Lautaret et du Galibier. Après une première tentative avec un camarade qui a abandonné en cours de route, elle est repartie seule une semaine plus tard. Arrivée à la Grave plus tôt que prévu, elle a décidé d'aller bivouaquer au Lautaret. Il y avait de la neige, elle a peu dormi ; comme c'était commencé, elle est repartie vers la Tarentaise… »

Dans son journal, Chantal note :

> « Petit tour trois jours seule en semaine, montée en vélo
> au col de l'Iseran, 2 770 mètres, raide ce con ! »

À vélo, à pied, à skis, les sommets l'attirent de nouveau comme un aimant, avec Pierre toujours. « On n'analysait ni le pourquoi, ni le pour qui, ni le combien de temps, ni le quoi faire d'autre », écrit-il. « On vivait simplement un bonheur entier qui faisait disparaître les questions. La montagne était à nous. Ses grands espaces, sa merveilleuse beauté, ses réservoirs d'aventures, tout était à nous ! Un monde hors système où l'on se réfugiait à la moindre occasion. Le reste, on s'en foutait complètement. On avait tout : le grand amour et une terre sauvage pour le partager. »

Pierre Neyret a fait revivre avec beaucoup d'émotion cette découverte de l'amour et de la montagne qu'il a partagée avec Chantal Mauduit. Il garde, trente-cinq ans après, une admiration incrédule pour celle qui fut sa compagne et dont il vit éclore le formidable talent d'alpiniste : « Elle ne doutait pas, ne connaissait pas le mal des rimayes, il fallait vraiment que les conditions soient mauvaises pour abandonner. À 20 ans, elle est allée toute seule au couloir nord des Bans, les gardiens du refuge de la Pilatte n'en revenaient pas. C'était sans doute une première solo féminine, mais elle n'en faisait pas grand cas, comme de toutes ses courses d'ailleurs. Ce qui était fait ne méritait pas d'être souligné, le prochain objectif était bien plus important. »

*

À la rentrée 1983, Chantal doit redoubler sa première année de kiné à cause de sa blessure au genou. Elle repart avec Pierre dans le massif des Écrins et cette reprise en main lève, si besoin était, les doutes sur sa forme :

> « Promontoire, face sud directe de la Meije, traversée des arêtes, refuge de l'Aigle, première course, sans commentaire… Pété une canine because une prise de pied s'est barrée ! Paumé le marteau-piolet. Superbe course ! »

Et dans la foulée, le 21 juillet 1983 : « Pilier sud des Écrins, sortie à la Croix, 4 102 m ! » Elle plaisante : « Je pars pour le K2 l'an prochain ! Ah ah, elle est bien bonne ! »

Elle n'a que neuf ans d'avance sur la réalité : le deuxième plus haut sommet du monde sera son premier 8 000, en 1992.

> « Suis-je née sous une étoile filante ? J'ai l'impression que je n'arriverai jamais à 30 ans ! Mourir avant je pense, à cause de mon caractère fougueux, kamikaze (comme disent les monos de ski). » Puis elle ajoute, prémonitoire : « Le risque est l'essence même de ma vie. Qu'y faire ? »

Chapitre IV

HAUTE ALTITUDE
« Enfin l'Himalaya ! »

Été 1988, destination : Pérou. C'est le premier départ, le premier vol long-courrier, la première grande ascension au-delà des Alpes. Pas encore l'Himalaya, trop cher, trop inaccessible. Bientôt, très bientôt, encore un tout petit peu de patience. Pour l'heure, Chantal et Pierre traversent l'Atlantique de haut en bas et s'en vont atterrir au Pérou puis parcourir la Bolivie avec Dominique Fassetta, leur ami de lycée à Chambéry (Jacques, le frère de Pierre, les y rejoindra). Ancien formateur à la Fédération française de la montagne et de l'escalade, aujourd'hui technicien au Conseil général de la Savoie, Dominique Fassetta évoque le souvenir de Chantal sans être capable de s'arrêter. « Entre nous existait le lien de la corde. » Il se souvient d'une journée où il avait pris du retard dans la traversée des trois mont Blanc. Une bonne étoile veillait sur lui, l'observait aux jumelles depuis le refuge Vallot. « Chantal est venue à ma rencontre avec un bol de soupe de poisson chaude. Je n'ai jamais oublié ! »

Avant de s'envoler pour leur premier beau voyage (et finalement le seul), Chantal et Pierre se sont initiés au parapente. Pierre a pris une semaine de cours, payant un moniteur au noir. Chantal s'est lancée toute seule… « Elle s'est acheté une voile et c'était parti », se souvient Pierre…

À l'automne 1987, ils décollent du Dôme de neige des Écrins. « Je devais en être à 30 ou 40 vols, elle à 8 peut-être. » Pierre vole vers la Bérarde, atterrit, regarde vers le ciel. Personne. Les minutes passent, il commence à s'inquiéter de ne pas apercevoir sa fiancée le suivre. Ils n'ont pas de radio pour communiquer et les téléphones portables n'existent pas. Il attend des heures avant de voir arriver Chantal, claudiquant : « Une chute d'enfer… Elle s'était écrasée sur une moraine et s'était pété un genou… » Chantal n'évoque pas cet accident dans les pages des carnets de parapente que son frère m'a confiés. Elle accumule de l'expérience : en avril 1988, elle note son 26e vol depuis « la Galoppe », la fameuse montagne des Mauduit que l'on aperçoit de la maison de Barberaz. Et juste avant le départ, encore un vol sous la face nord de la Meije :

> « 21 juin, glacier du Tabuchet. 1 600 mètres, 10 mn. Vent nul, neige hypermolle, course d'élan avec gros sac de bien 10 kg, facile ! Argh ! Coup de frein de la dernière chance, yaouh ! Vol derrière le Minou *[Pierre],* superbe vue, petit vent arrière pour changer de vallée. Attéro dans les fleurs au pied du col, extra ! »

Pierre et Chantal avaient d'abord fait le projet de décoller d'un 7 000 au Pakistan mais le prix du permis les a découragés. Ce sera le Pérou :

> « Après huit jours d'été, on repart pour une saison d'hiver en Amérique du Sud ! Ils sont fous ces grimpeurs ! Bah, qui gèlera verra. »

Le 6 juillet, Chantal décolle avec Pierre depuis le sommet de l'Urus, 5 420 mètres. Sept minutes de vol, 1 000 mètres :

« Ça y est, en direct, on est plus haut que le mont Blanc,
yaouh ! »

Elle est littéralement folle de joie. Voici bientôt son premier
6 000, le Tochlaraju. Puis le morceau de choix, le Huascaran
(6 768 mètres), point culminant de la Cordillère Blanche.

« On en a tous chié ! C'est mignon mais la fin est
longue… »

Au sommet, après deux essais ratés, Chantal et Pierre décollent
en parapente. Vingt minutes de vol pour descendre 3 500 mètres…
Jubilatoire.

Pendant deux mois, la petite troupe explore les Andes, du
Pérou à la Bolivie. Découvertes et rencontres : les peuples des
montagnes, le pays inca, Lima, Machu Picchu, le lac Titicaca,
Cuzco, la jungle… Chantal est sur un petit nuage :

« Arbres, torrent, fleurs, sommets enneigés, herbe sur
le sol pour marcher en chaussettes ! »

Elle relève les dénivelés :

« 10 835 mètres au Pérou, 3 730 mètres en Bolivie, total
Andes 88 : 14 565 ! C'est bon, on a fait 18 Galoppes ! »

Pierre Neyret n'y va pas par quatre chemins : « Ça nous avait
vachement plu ! »

*

Sa vie d'alpiniste occupe toute la place. Les Alpes ne suffisent
plus et les Andes n'ont été qu'un avant-goût des hauteurs à venir,
un amuse-bouche, un apéritif épicé avant l'appel des cimes asia-
tiques. En attendant, elle en profite, grimpant pour quelque temps
encore avec Pierre, son amour, son compagnon des années de la

vingtaine, le seul homme avec qui elle envisagera sérieusement, un temps, d'avoir un enfant.

Son carnet 12 porte un titre : « 1987-88-89, un quart de siècle de rires ». Chantal y raconte un mont Blanc en hiver, des virées à ski en Oisans ou en Belledonne, une traversée du massif du Mont-Blanc en quatre jours, des journées de cascade de glace au refuge de l'Oule…

Son frère François se souvient des journées de grimpe en Oisans : Ailefroide, Barre des Écrins… et cette frayeur au Pic Coolidge : « Un raccourci, ça a l'air simple, on y va, on n'est pas encordés. Pas de broche, un seul piolet. » La glace est mauvaise, une pierre lui tombe sur la tête, il manque tomber dans une pente à 45°.

Ils montent ensemble au pic de l'Étendard, (3 464 mètres), au-dessus du col de la Croix de fer. Le versant nord-est est une course facile en ski de randonnée. Mais Chantal a voulu prendre son monoski. Elle s'enfonce jusqu'aux cuisses, pousse sur ses bâtons qui s'enfoncent aussi. François : « Cette tarée, elle voulait faire l'Étendard en mono : 2 kilomètres pour traverser le plateau… On le lui avait dit, mais c'était impossible de lui ôter une idée de la tête ».

Le drame l'a frôlée. C'était dans la face ouest du Râteau. La neige est dure, son ami Étienne est moins expérimenté. Chantal crie de toutes ses forces : « Étienne ! T'as pas le niveau, passe à pied ! » mais il refuse de déchausser. Longtemps après, lors d'une interview, Chantal semblait revivre la scène de la mort d'Étienne : « Il est tombé au premier virage, sous mes yeux. Je suis restée plusieurs mois sans pouvoir retourner en montagne, je faisais des cauchemars, c'était trop absurde, trop futile, ça ne méritait pas la mort d'un ami. Et puis la sérénité et la passion sont revenues. »[9]

---

9. Entretien avec l'auteur, *Le Journal du Dimanche,* septembre 1996.

Une seule fois, Pierre Neyret l'a vue perdre son sang-froid. Ils venaient de gravir le *Supercouloir,* une voie de glace extrêmement difficile au mont Blanc du Tacul… La tempête les surprend à la descente, ils se perdent en pleine nuit au milieu des crevasses. « Le vent du nord soufflait fort, glacial. On a creusé un trou pour se protéger. Un petit trou avec nos petits piolets. On s'est allongés dedans, sur le dos, collés l'un contre l'autre, les jambes dans notre sac à dos et on a attendu. On avait le visage à 2 centimètres du plafond, la neige étouffait les bruits et il régnait un silence de mort. »[10]

Les deux amoureux étouffent dans leur cercueil de neige. Portée par le vent, la neige les a emprisonnés. Pierre tente de sortir sans succès. Chantal s'affole, respire trop fort : « Il fallait se calmer, se détendre, vider sa cage thoracique pour gagner un tout petit peu de place et respirer très doucement. Elle s'est contenue pendant que je faisais de nombreux essais pour nous libérer. » La neige lui rentre dans le nez et la bouche. Épuisé, il reprend des forces et sa respiration, tente à nouveau. S'il n'y parvient pas, les deux beaux amants vont mourir. « On s'en est sortis mais ce fut le pire moment d'angoisse qu'on ait vécu ensemble. »

Pour beaucoup d'alpinistes, ouvrir une voie est l'aboutissement de la passion. La signature laissée sur une montagne témoigne de l'aspect le plus créatif de ce qui est plus qu'un sport : un art de vivre, un art tout court. Chantal Mauduit n'a pas ouvert de voie, pas plus avec Pierre Neyret que par la suite. Certains, à Chamonix où la rumeur tourne en rond, lui en ont fait le reproche. Le guide et réalisateur Denis Ducroz prend sa défense : « Ce n'était pas

---

10. In *100 Alpinistes,* Guérin, 2015.

son truc ; son affaire, c'était la très haute altitude », dit celui qui l'emmènera en 1994 découvrir la Patagonie et barrer un voilier au large du Cap Horn.

Pierre Neyret, la gentillesse et la modestie faites homme, l'admet sans gêne : non, ils n'ouvraient pas de voie ; non, cela ne les intéressait pas. Oui, « peut-être aussi ne m'en sentais-je pas capable ». À dire vrai, ils s'en moquent comme de l'an 40, préférant s'échapper, légers et rapides, le temps d'un week-end. Ils garent la voiture, volent en baskets vers les faces. Cinq heures d'approche, huit heures au pas de course dans une belle voie de 1 000 mètres. Redescente, nuit de quelques heures dans la voiture sur le parking, retour au boulot pour tous les deux. Le lundi matin, kiné et informatique, ni vus ni connus... La main de Pierre dessine des ondulations dans le vide : « On se fichait de battre des records, on ne grimpait pas pour le temps mais pour la légèreté. »

Ils courent, pour de vrai, pas pour la formule ni la métaphore, dans des voies cotées ED — extrêmement difficile. Parfois, ils s'attardent dangereusement.

Un jour de septembre, une perturbation les bloque sur l'arête de l'*Innominata* au mont Blanc. Ils se réfugient pendant une journée dans le minuscule bivouac Eccles, puis repartent le lendemain, une fois le beau temps revenu. Il y a un peu de neige fraîche, le rythme est lent. « Nous sommes arrivés au crépuscule au sommet, fantastique ! » se souvient Pierre Neyret. À la nuit, ils sont au refuge Vallot, 4 300 mètres d'altitude. « Nous avons appelé le PGHM avec la radio de secours pour stopper les recherches déclenchées par nos parents... Nous sommes rentrés avec deux jours de retard. »

Bernard Mauduit en rit encore. Quelle force intérieure habite donc ce vieil homme, alerte et charmant pour évoquer aussi joyeusement sa fille tant aimée tragiquement disparue ?

*

Début 1989, la Fédération française de la montagne et de l'alpinisme répond à son homologue canadienne qui invite la fine fleur de la jeune escalade tricolore. Les postulants se retrouvent à Val d'Isère pour être sélectionnés : Pierre et Chantal, ainsi que Fabien Ibarra, aujourd'hui guide de haute montagne installé à Sallanches. « Elle était douée en cascade de glace sans être pour autant hyper impressionnante en technique pure », se souvient ce dernier. « Elle était forte, c'est évident, mais c'est surtout sa ténacité, sa résistance au froid, sa force physique qui frappaient le plus. C'était une vraie montagnarde. Sa joie d'être là-haut était communicative. Juste du bonheur… »

Pierre a échoué aux épreuves éliminatoires, Chantal s'envole avec six autres grimpeurs pour le Canada. Pour la première fois, elle s'en va seule, sans son amoureux, vers le lointain et ses désirs de montagne. Dans son carnet 14, au milieu des longueurs de glace raide enchaînées jusqu'à plus soif, elle glisse encore une pensée pour son compagnon :

> « Canada, Pâques 89, glace à gogo. Un mur de 15 mètres
> à Lake Louise, Louise Falls, Carlsberg Column, 60 mètres
> verticaux (grade 5) ; Bow Valley, Polar Circus, un mur raide
> 30 mètres encordés, rampes de neige, muret « easy », 15
> mètres de glace crade en dévers, bonjour l'ambiance…
> Weeping Wall (lower part), grade 5. Début à 70-80° en
> solo. C'est superbe à voir. Professor Falls (grade 4), coup

de fil à mon bichon endormi ; Rampant creek. Back home le 8 avril, envie de repartir, projets… »

Sitôt rentrée, elle repart aux États-Unis célébrer le bicentenaire de la Révolution française. Le 14 juillet 1989, la voici agitant le drapeau dessiné par Jean-Marie Folon dans la Jackson Hole Valley, dans le Wyoming. Elle découvre la sidérante et brûlante vallée de la Mort. Et le Yosemite, la Mecque de la grimpe californienne.

Au retour du Canada, Pierre a trouvé Chantal changée. Il va vite apprendre qu'elle a fait tourner la tête d'un célèbre photographe – comme tant d'autres dans les années à venir. L'histoire ne dure pas, puis reprend, puis s'éteint. Mais pour le couple de Pierre Neyret et Chantal Mauduit, c'est le début de la fin. « Elle est tombée amoureuse de lui, elle est rentrée mais je ne la reconnais plus. » Il est alors le photographe des stars de la montagne… « Il lui a dit qu'elle sortait du lot, qu'elle devrait tenter un truc exceptionnel. Après, c'est parti en sucette… » Pierre et Chantal avaient envisagé de prendre une année ensemble, une année de grimpe à travers le monde, et au retour, ils auraient fait un enfant.

Pierre et Chantal tentent de se remettre ensemble à l'automne, mais le charme est rompu. Leurs vies commencent à s'éloigner l'une de l'autre. La passion pour la montagne ne les rapproche plus, au contraire. Un concurrent envahissant est entré dans la vie de Chantal : l'Everest, 8 848 mètres d'altitude, jamais gravi sans oxygène par une femme. Chantal est obsédée, hypnotisée.

*

L'expédition à l'Everest est montée par deux briscards, deux guides pionniers des expéditions lointaines, Claude Jaccoux et Michel

Vincent. Pierre Neyret n'a pas pu trouver le budget, Chantal si. Grâce à qui ? À sa grand-mère qui, forte d'une généreuse conviction (« Je préfère que ça serve de mon vivant »), a procédé à une donation pour ses trois petits-enfants : François s'offrira une maison, Anne son cabinet de médecin, Chantal sa première expé en Himalaya.

Michel Vincent, 67 ans, six 8 000 à son actif, est aujourd'hui installé en Ardèche. Il se souvient d'une femme « belle, resplendissante, fascinante même. » Avec Jaccoux, il est l'un des deux chefs de cette expédition à l'Everest, l'une des premières « expéditions commerciales » sur le Toit du monde. Une trentaine de personnes sont rassemblées au pied du versant tibétain. Une armée, dont font partie les guides Érik Decamp et Jean Clémenson, le journaliste alpiniste Jean-Michel Asselin, son homologue photographe René Robert, Annie Béghin, Véronique Périllat…

Deux critères prévalent pour le recrutement : le niveau technique et l'enthousiasme. Faut-il préciser que Chantal est vite enrôlée ? « Ce qu'avait réalisé Chantal Mauduit avec Pierre Neyret était à la fois beau et fort, ce couple avait laissé sa marque. Mais je dois dire que je l'ai vraiment découverte à ce moment-là. » À entendre Vincent, il existerait trois catégories de grimpeurs en très haute altitude : les chanceux, peu expérimentés mais s'acclimatant facilement ; les prudents, adeptes du *chi va piano va sano :* dans l'ordre Alpes, Andes puis Himalaya, avec un 7 000 pour débuter puis un 8 000 (« Un peu *old-fashion* et démodé à une époque où les clients veulent tout, tout de suite ») ; restent les « chevronnés d'en bas », grosse expérience technique mais pas à de telles altitudes. « Elle appartenait à la fois à la deuxième et à la troisième catégorie. »

L'expé arrive à Katmandou au début du mois d'août, deux mois seulement après le massacre de la place Tiananmen. Il faut passer la frontière chinoise pour atteindre le pied du versant nord de l'Everest. Les autorités de Pékin n'en ont pas fini avec la répression. Très nerveuses, elles bloquent d'abord le passage de l'expé, puis l'autorisent à entrer au Tibet mais lui interdisent l'accès à Lhassa.

Jean-Michel Asselin se souvient d'un départ de Katmandou en pleine mousson. Il tombait des cordes, la route était coupée par des éboulements.

Chantal, elle, découvre le Népal et l'Himalaya, fascinée. Ouvrons le cahier 15, « Tibet 89 » :

> « Bus vers la Chine, c'est beau ! La terre rouge, la verdure, le riz, les terrasses, les maisons en briques rouges… On mange du riz et on boit du jus de choux. Acclimatation à l'altitude impeccable. La découverte des hauts plateaux tibétains est saisissante… Désert de pierres parsemées de villages verts sur fond de montagnes himalayennes ! 14 août, matinée magnifique, l'Everest majestueux, éclatant de lumière. »

Le groupe est nombreux, trop nombreux. Les tensions sont fortes, les engueulades quotidiennes. René Robert rentre en France. À la mort de Chantal, il évoquera un souvenir lié à cette expé : « Lorsque nous nous arrêtions dans ces espèces de stations-service au milieu de nulle part, nous voyions ces mômes presque nus qui traînaient avec les chiens. Ils nous regardaient manger, jamais nous n'avions vu des enfants avoir aussi faim. C'est Chantal la première qui a eu l'idée de leur faire partager notre nourriture. Ils étaient opprimés, elle les avait rencontrés, voilà pourquoi Chantal, depuis, soutenait les Tibétains. »[11]

11. *Libération*, 19 mai 1998.

L'expé s'installe au camp de base pour sept semaines. Lente progression vers les camps supérieurs, équipés par les Sherpas. Chantal découvre l'Himalaya avec un enthousiasme que rien n'atteint, pas même l'altitude.

> « Vendredi 18 août, camp 2, 6 080 mètres. Avec des Chiliens, immersion dans le torrent jusqu'aux mollets, yaks, rien à boire ni à manger. 19 août, camp 3, 6 350 mètres. Engueulades, Michel Vincent braille fou de rage, ça va chier ! »

La mousson ne reflue pas encore et la noria vers les camps supérieures semble un temps s'interrompre. Mais l'énergie de Chantal ne faiblit pas. Elle atteint le col Nord, là où beaucoup de candidats au Toit du monde s'affalent dans leur tente, sonnés par le mal des montagnes.

> « 1er septembre, camp 4, 7 040 mètres. Enfin l'Himalaya ! J'ai dépassé 7 000, pas de mal de tête. J'ai l'impression qu'on attaque enfin la montagne ! Neige, cordes fixes (initiation au Jumar, même qu'il gèle ce con !) arrivée féérique au col après une petite montée raide sur corde fixe. J'ai hyperfaim, hypersoif, suis hypercontente. C'est grandiose. Tout à l'heure, ambiance Himalaya, monstre avalanche côté est… »

Pendant deux semaines, temps bouché, tension. Les alpinistes se replient de nouveau sur les camps inférieurs.

> « La troupe des 31… Du délire all that people. Mais le soleil est de retour et tout de suite les esprits se calment. Les sherpas sont débordés ! 19 septembre, préparatifs pour l'assaut. Exaltation, peur quelque part face au géant, allons-y ! On croise les sherpas qui pour

1/10ᵉ de millimètre de snow décident de redescendre.

Faux départ. »

Nouveau repli dans les tentes, nouvelle période d'inaction. L'Himalaya dans toute sa lenteur… Enfin, le 23 septembre, c'est le signal de l'assaut :

> « I hope the good one ! Montée rapido à quatre sans sac (Jean-Mi, Érik, Bruno et Chantal). Sabrage de champ !
>
> 24 septembre. Montée en 6 heures en faisant la trace au camp 5, 7 800. Pas question d'aide des sherpas ! Arrivée avec le beau temps et Bach (messe en si).
>
> 25 septembre. Vers 8 000 une féérie sur l'Everest qui semble vraiment à notre portée avec les Suisses and co. Mais une monstre plaque nous rebute. Redescente. Météo impossible. »

Portée par un élan qui semble irrésistible, Chantal Mauduit a foncé vers le sommet de l'Everest. Un instant, il a semblé lui tendre les bras puis s'est esquivé. Redescente à 7 000.

> « L'arrivée au col Nord est apocalyptique. Est-ce le col Nord ? Où sont les tentes ? Enfouies ! »

Une semaine plus tard, tentative de la dernière chance :

> « 2 octobre, camp 5, pour une fois les sherpas font la trace.
>
> 4 octobre, nuit terrible, vent, neige ! Descente sur l'arête, cramponnée sur les bâtons ! Débandade, ambiance glaciale, et hop camp 3. »

Cet automne 1989, deux expés françaises s'attaquaient à l'Everest (l'autre, baptisée « Everest Turbo », était celle d'Éric Escoffier tout juste rescapé d'un grave accident de voiture). Aucune des deux n'a atteint le sommet. La météo était comme l'ambiance dans ces groupes trop nombreux : détestable. « Grosse mousson, énormes

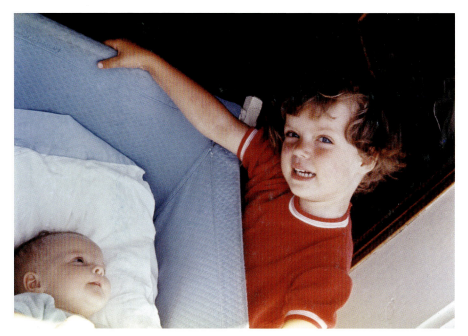

Anne Mauduit, la grande sœur, et Chantal dans son berceau.

Chantal à l'âge d'un an, toute la famille vit encore à Paris.

Les premières balades au-dessus de Sixt.

Août 1981, au sommet du mont Blanc du Tacul après l'ascension du couloir *Gervasutti*.
De gauche à droite : Chantal, Bernard (son père), Noël Rey (un ami de la famille), et Anne (sa sœur).

Pâques 1985, sortie à skis de randonnée pendant les vacances scolaires.

La mode du monoski bat son plein en 1984.

Camping aux Tenailles de Montbrison avec Pierre Neyret, en 1983.

Falaise des Mallos de Riglos dans le nord de l'Espagne.

En 1988 au Pérou, sur le nevado Urus (5 420 m), lors de la première expédition de Chantal.

Dans la voie *Bonatti* au Grand Capucin.

Escalade au Grand Teton dans le Wyoming (USA) au cours de l'été 1989.

Au col Nord de l'Everest, lors de la première tentative de Chantal en 1989, dans le cadre de l'expédition organisée par Claude Jaccoux et Michel Vincent.

Vers 7 500 mètres, sur le versant nord de l'Everest, en 1989.

chutes de neige, c'est ce que j'ai vécu de pire », se souvient Jean-Michel Asselin. « Peut-être sommes-nous partis trop tôt. »

Quand Chantal Mauduit tourne le dos à « la merveille des merveilles », le 5 octobre, c'est tout sauf un adieu :

« Ciao et à bientôt l'Everest ! Finie l'expé, je reviendrai ! Engueulades. Bientôt la maison, la famille, le confort, les murs en dur, la salle de bains… Me suis arrêtée avant le sommet, il faudra que j'y retourne pour y trouver ma propre petite lumière. »

*

Elle rentre en France. Retrouve Pierre pour un instant seulement. C'en est presque fini de leur histoire, de leur couple, de leurs virées joyeuses, conquérantes et insouciantes dans les Écrins, la Vanoise, le massif du Mont-Blanc. Ils ne parlent plus de faire un enfant, Pierre n'y croit pas, ne le veut plus. L'Himalaya est le plus fort. Laisserait-elle un enfant pour partir dans ces 8 000 où la mort rôde ? Pourrait-elle renoncer à sa passion ? Après tout, pourquoi exiger un tel sacrifice d'une mère et non d'un père ? La question ne se posera finalement pas.

« On est retournés dans les Alpes mais il n'y avait plus l'innocence, le charme d'avant », se souvient Pierre Neyret. « Elle avait la tête là-bas. Ce qu'elle me racontait des camps de base ne correspondait pas à mon idée de la montagne. On était à des années-lumière de nos ascensions alpines. » La flamme originelle, « celle qui nous avait rapprochés et nous poussait là-haut avec le même bonheur », s'était éteinte.

L'année suivante, Pierre part à son tour au Népal, au Gangapurna (7 455 mètres), sans Chantal qui s'est blessée. Il n'aime pas, arrête avant le sommet, refuse de prendre davantage de risques. « Ça a été très dur, j'ai vu à quel point on pouvait vite y rester, y perdre ses extrémités. J'ai dit non, ce n'est pas pour moi, je préfère le trek. Je n'étais pas assez motivé pour m'infliger cela, ces montagnes qui tuent. J'ai dit stop arrivé à un certain niveau de souffrances… »

Pierre Neyret s'éloigne pour un moment de la montagne. Sans celle avec qui il faisait « corps et âme », à quoi bon ? Les solos ne l'intéressent pas, une autre compagne de grimpe, il n'y songe même pas. Il ne retrouvera le chemin de l'altitude que bien plus tard, une fois devenu guide et spécialiste des treks lointains – et son chagrin d'amour surmonté.

Chantal et lui ne se perdront pas de vue, continueront de s'estimer, de s'aimer peut-être, de loin en loin ? Il ne lui en veut pour rien, la comprend, regrette sans doute mais mesure la chance d'avoir vécu dix ans avec elle. « Elle était hyper sensible, refusant de perdre une goutte de la vie, peut-être était-ce dû au décès de sa mère ? »

Ils se reverront à Chambéry au printemps 1998, peu avant le départ de Chantal pour le Dhaulagiri. « Elle était rigolote, radieuse. On avait bien discuté, de la façon la plus paisible qui soit. » Silence. « Et puis elle n'est pas revenue. »

Elle était venue animer une conférence au magasin Décathlon. Drôle d'endroit pour une ultime rencontre.

Chapitre V

FASCINATION

« Everest d'amour,
je viens à toi encore une fois ! »

Enthousiasme et prudence, ténacité et impatience. Tout Chantal Mauduit est dans cette première tentative ratée à l'Everest : capacité à surmonter l'échec, volonté d'y retourner aussitôt, dès la saison suivante. Sans crainte du lyrisme, elle déclame dans son carnet 17 :

> « Je partirai à l'Everest, mon année est totalement consacrée à cet objectif mythique, déesse d'amour des cimes. L'Everest est pour moi le symbole de la passion, passion de la montagne, de la beauté, de l'aventure, de la nature, passion de l'amour, passion de la passion. La quête de l'infini, de l'absolu, de l'amour total, de l'utopie de la vie, un coin de paradis, un grain de folie. Everest d'amour, je viens à toi encore une fois ! »

L'affaire se présente sous le meilleur des patronages possibles. Apprenant que Sir Edmund Hillary, le vainqueur de l'Everest, est invité à Megève pour une conférence, elle a enfourché son vélo et pédalé sur 85 kilomètres depuis Chambéry, 600 mètres plus bas. Cette arrivée originale lui a valu son premier article,

« À bicyclette », signé du journaliste Jean-Michel Asselin. Elle écrit dans son journal :

> « Sir Edmund Hillary nous a tous encouragés et serré la main, des petits riens dont on se souviendra là-bas. Un autre alpiniste est monté en claudiquant sur la scène, il faisait partie de l'expédition qui a ouvert la voie de l'Everest, 21 jours au-dessus de 7 000 mètres sans oxygène. Témoignage émouvant, envie décuplée de m'envoler pour l'Everest. »

L'équipe de l'expé, dont font partie Jean-Michel Asselin et le guide de Chamonix Michel Pellé est déjà constituée. Mais personne ne résiste au charme et au bagout de cette alpiniste à la réputation opiniâtre. Elle est enrôlée.

*

L'été 1990 touche doucement à sa fin. Le départ pour le Népal n'est plus qu'une question de jours – son cœur « va éclater », écrit-elle. Elle se « balade » dans le massif du Mont-Blanc. Premier train pour le Montenvers, direction la face nord des Grandes Jorasses. Sept heures pour sortir la Walker :

> « On attaque à midi le socle, ballerines, corde pour la fissure *Allain* puis deux longueurs dans le dièdre de 75 mètres, tout le reste en volante, superbes dalles noires, beaux rochers. Heureux ! »

Chantal a besoin d'argent pour financer cette expé inespérée. Le Crédit Agricole de Savoie a décidé de l'aider, en échange de menus services, telle cette conférence qu'elle doit animer ce soir à Chambéry. Le week-end précédant, elle a gravi le mont Blanc par l'arête de Peuterey et elle en veut encore. Un petit dernier pour la route…

> « À la descente, je cours comme d'habitude, avec des "pardon" pour doubler. Un guide aigri me lance : "Oh ! si tu veux passer, c'est par là !" Il me désigne la pente. Pas de problème, je m'y lance et crac, je me tords le pied ! Pliée en deux de douleur. Le guide passe, sans mot dire, je maudis son dédain. »

Elle commence à descendre sur les fesses. Deux Italiens de Bergame l'aident en attendant l'arrivée des secours, qui tardent. Christophe Profit donne un coup de main aux secouristes. Hélico, hôpital, radio : fracture, larmes pour l'Everest. La voici qui pédale bêtement dans un centre de rééducation avec un plâtre au pied et un masque à oxygène sur le nez pour s'acclimater en vue de la prochaine virée himalayenne qu'elle espère encore. Elle parcourt l'équivalent de 190 kilomètres à 4 800 mètres en quatre jours. Une belle ascension virtuelle dont elle seule se souviendra.

L'Everest lui a échappé, et Christine Janin lui vole la vedette. Le 5 octobre à 16 h 45, le médecin est au sommet de l'Everest en compagnie du photographe Pascal Tournaire qui immortalise l'événement et lui ouvre les Unes des grands magazines. Christine Janin voit sa vie à jamais bouleversée par cet exploit. Elle enchaîne sur le trophée des « Seven Summits » (les points culminants des sept continents). Les médias tressent des louanges à la nouvelle vedette féminine de l'himalayisme français, qui peut créer son association[12] en faveur des enfants malades. Chantal Mauduit souffre secrètement dans une chambre d'hôpital, digère ce coup du sort et se projette aussitôt dans l'avenir :

---

12. www.achacunsoneverest.com

« Christine Janin devient la première Française là-haut, avec oxygène. Elle m'a fait la politesse d'en utiliser pour me permettre d'effectuer l'ascension sans ox avec l'attrait pour les sponsors de la première. Merci de cette courtoisie (du sort !) »

Douze ans seulement se sont écoulés depuis que Reinhold Messner a réussi l'ascension sans assistance respiratoire, en duo avec Peter Habeler, avant de récidiver deux ans plus tard, totalement seul sur la montagne. Aujourd'hui encore, l'ascension de l'Everest sans oxygène reste une expérience limite, à haut risque. Chantal l'a écrit : c'est son Graal.

*

Le monde de la montagne, qui n'a pas toujours été tendre avec Chantal Mauduit, le sera encore moins avec le docteur Janin. Pour sa défense, il convient de rappeler que Christine Janin n'a rien d'une usurpatrice ou d'une simple création médiatique. En 1981, elle a gravi sans oxygène le Gasherbrum II (8 035 m), devenant la première Française à plus de 8 000 mètres. Cinq ans plus tard, le Gasherbrum I (8 068 m). Mais la dame a ses ennemis farouches et ses détracteurs enflammés. Marc Batard, son chef d'expé, est arrivé au sommet juste après elle, sans oxygène, et espérait y bivouaquer. Sentant ses orteils geler, il a renoncé et cet échec qui le prive des retombées espérées est d'autant plus douloureux que c'est un membre de son expédition qui rafle la mise. Il en garde des regrets éternels empreints d'une colère qui ne s'est guère atténuée avec le temps. Vingt-cinq ans après, il confie : « J'aurais mille fois préféré que Chantal soit la première Française au sommet de l'Everest plutôt que Christine Janin, dont je ne partage pas la vision des choses, qui n'incarne pas à mes yeux l'humanisme dont Chantal savait si bien faire preuve. »

Un membre de l'expédition de 1990, préférant rester anonyme par crainte d'essuyer la foudre de l'alpiniste-médecin, assure que des deux, « Mauduit était assurément la meilleure. Je suis certain qu'elle aurait devancé Janin sur la fin. » Pour Jean-Michel Asselin, « Christine Janin avait une envie furieuse d'être la première Française au sommet de l'Everest et elle y est parvenue. À l'arrache, usant de cette hargne qui fait sa grande force. »

Marc Batard imagine que la vie de Chantal en aurait été changée, comme le fut la sienne ce 26 septembre 1988 où il établit le record de l'ascension de l'Everest sans oxygène, en 22 heures et 29 minutes. Ce qui lui valut une apparition dans le Guinness, le surnom de « Sprinter de l'Everest »[13] et la possibilité d'organiser des conférences dans le monde entier. Avec quatre 8 000 gravis sans oxygène lors de la seule année 1988, Batard, devenu artiste-peintre, garde le souvenir du purisme de Chantal Mauduit, de sa volonté inébranlable de grimper l'Everest sans oxygène : « On s'est très bien entendus. Elle avait adhéré très rapidement à mon association d'aide aux jeunes, "En passant par la montagne"[14]. Elle était fleur bleue, naïve, je veux dire par là nature, ouverte sur les autres. » Ils ne grimperont pourtant jamais ensemble, ne voyageant qu'une seule fois tous les deux, pour une triste et étrange mission, confiée à Batard par le ministre de l'Intérieur de l'époque Charles Pasqua : retrouver les corps d'alpinistes corses portés disparus dans la Cordillère des Andes. Mais la cordée est

---

13. C'est aussi le titre de son livre : *Le Sprinter de l'Everest*, Denoël, 1989.
14. www.montagne.org

retrouvée peu avant leur départ par les secouristes équatoriens. Les deux Français pensent annuler leur départ mais les familles et Pasqua leur enjoignent de partir tout de même, pour élucider les circonstances du drame. Mauduit et Batard arrivent sur place, gagnent très rapidement le refuge du Chimborazo en pleine nuit, localisent le lieu de l'accident, en devinent la cause, une avalanche.

*

Depuis sa chambre d'hôpital, Chantal courbe l'échine, prend son mal en patience. Elle enrage doublement : elle ne sera pas la première Française sur le Toit du monde ; elle rate une occasion de retrouver dans l'Himalaya son amant du moment, le journaliste Jean-Michel Asselin. Leur histoire est clandestine, une liaison secrète et passionnée, écrite en pointillé, qui finira mal et laissera des traces jusqu'à aujourd'hui. Asselin est un roc, large d'épaules, cheveux ras, voix portant loin, légèrement cassée, et physique d'officier parachutiste. Cinq tentatives à l'Everest (une de moins qu'elle), une pointure, un diable de bonhomme que l'évocation de Chantal Mauduit, près de vingt ans après sa mort, bouleverse pourtant encore. « Elle était très belle, très sensuelle, irrésistible. À chaque fois que l'on se retrouvait, ça collait de nouveau. »

Ils se retrouvent, en France ou à Katmandou, au hasard des expéditions. Vingt ans après, Asselin parle de la disparue au présent. A-t-elle souffert de ne pas être la première à l'Everest ? « Non, je ne crois pas vraiment. Elle n'est pas là-dedans. » Comment se fait-il qu'elle parlait le népalais ? « C'est quelqu'un de très engagé. » Leur histoire s'achève pour des raisons qui leur appartiennent. Ils sont en voiture, il conduit, elle a pris place à ses côtés, il la ramène à Chambéry. Elle met une cassette dans l'autoradio, Serge Gainsbourg chante : « Je suis venu te dire que je m'en vais / Tes sanglots longs n'y pourront rien changer / Comme dit si bien Verlaine, aux vents mauvais / Je suis venu te dire que je m'en vais / Tu te souviens des jours heureux, et tu pleures / Tu sanglotes, tu gémis à présent qu'a sonné l'heure… » Il se gare au bord de l'autoroute. « Elle est descendue de la voiture, a claqué la porte. J'ai démarré, puis j'ai presque aussitôt fait demi-tour mais elle n'était plus là. Elle s'était évanouie dans la nature. J'ai été con, j'étais incapable de ne pas être con, ni avec elle ni avec ma compagne. » Vingt-cinq ans après, il s'en veut encore de cette fin sur la bande d'arrêt d'urgence. La tristesse et les regrets n'ont pas disparu.

Dans son carnet, Chantal a écrit :

> « Mon cœur fume, brûle, se consume. Il reste sur les flancs de l'Everest. »

Comment comprendre cette fascination pour l'Everest ? L'hypnotique attrait pour l'Himalaya ? « Quand, comme elle, vous avez fait toutes les classiques dans les Alpes, les faces nord et les autres, vous avez envie d'aller voir ailleurs », sourit son ami, le guide de haute montagne Fabien Ibarra. « Et puis le monde est grand et beau ».

Dès le printemps 1991, Chantal repart pour le Népal, fermement décidée à ne pas recourir à l'oxygène, quitte à échouer. Carnet 18 :

> « 1991 au Khumbu avec Norbert Joos, Louis Deubo, Hans Kessler, Michel Ducher, Pietrino Giuliani et Chantal Mauduit. Je pars le cœur plein d'espoir de vaincre la

bête Everest. Avec tous ceux qui pensent à moi, je vais réussir ! »

Le 11 avril, Chantal retrouve l'Icefall, ses séracs, ses échelles surplombant des profondeurs insondables de crevasses. Au camp de base, ils jouent à des jeux de société, mangent comme des ogres, elle lit. À 6 400 mètres, le 14 avril, le vent abat un des pans de sa tente en pleine nuit, elle se réveille terrifiée à l'idée d'être emportée, de s'envoler.

> « Putain de vent, dément, même au camp de base ! Fait mal aux yeux, arrache des tentes, parfois je me demande si je ne vais pas me retrouver satellisée dans la combe Ouest. Il faut attendre patiemment l'accalmie printanière. »

Elle refixe la tente avec de la glace, quelques cailloux, deux bouteilles d'oxygène, des broches… L'himalayisme implique des sacrifices. Elle rate des moments qui comptent dans une vie et qui ne reviendront plus. Le mariage de son frère, les 30 ans de sa sœur : « Pensées pour Nanouille et ses 30 ans. À la tienne Sister ! »

Le 7 mai, elle doit partir pour le sommet mais la tempête de neige et de vent venue du golfe du Bengale les cloue au sol.

> « On arrête tout, le vent s'est emparé pour tout le printemps des lieux magiques du Khumbu. Maintenant, il faut encore accepter l'échec, dure loi de la montagne, qui nous rappelle sans cesse, comme un aimant. »

Le 12 mai, tempête :

> « Pas la moindre illusion de gagner le sommet, on rapatrie. Ça fait chier. Mais je n'ai pas pu me mesurer vraiment à l'Everest, pas encore ! »

Le vent se déchaîne, la montagne se fracasse :

« Des blocs gros comme des voitures bougent, adieu tentes, skis, appareils photo et autres, la vie avant tout ! »
Elle rédige la liste de tout ce qu'elle a perdu dans la tempête :
« Skis + peaux/combi goretex/moufles/appareil photo Olympus/cagoule et gants soie/masque tempête/socks/duvet Makalu 180/thermos camping gaz/puppet muppet/piolet/un bâton/jumard/pantalon goretex. »
« Le vent a gardé le sommet de l'Everest comme un Cerbère, nous rendant fort dépourvus. Je ne peux pas ne pas retenter le sommet, il est inscrit dans mes plus profondes pensées. »
Moralité ?
« Je veux ce sommet et je l'aurai ! »

*

Août 1991 : la voici de nouveau, folle de joie et d'impatience, à Orly, attendant d'embarquer pour le Népal. En route pour la « Sagarmatha expédition » (le nom népalais de l'Everest). Elle rencontre Frédérique Delrieu, jeune alpiniste haut-savoyarde qui va devenir sa meilleure amie et que sa disparition laissera inconsolable. Elles font partie d'un groupe composé de Français, d'Espagnols et de Népalais dont Pasang Lhamu, partie pour devenir la première Népalaise au sommet de l'Everest. Elle décédera l'année suivante sur le sommet Sud.
Le 24 août, l'expé atteint Namche Bazar 3 600 mètres, chef-lieu du Khumbu. Chantal emmène Frédérique dans une maison où elle a laissé du matériel de montagne l'année précédente, dans l'attente d'une nouvelle tentative. Déjà âgée, la maîtresse de maison

était enceinte. Elle, son mari, le lama, tous s'inquiétaient pour la survie du bébé à venir. Il est né en parfaite santé et s'appelle Lakpa. Chantal devient sa marraine. Elle donnera chaque année plusieurs centaines de dollars à ses parents, elle, fauchée comme les blés et dont son père découvrira, peu de temps avant qu'elle ne meure, à quel point elle vivait chichement pour se donner les moyens de repartir en expédition : pas de voiture ; une petite maison louée aux Houches, près de Chamonix ; des pâtes à tous les repas ou presque... Elle écrit dans un de ses carnets :

> « Je paie ses études alors que je n'ai pas d'argent,
> plus de chez moi, mes meubles dans une cave, pas de
> téléphone... »

Bernard Mauduit : « Elle ne mangeait que des pâtes, du riz, des lentilles... Un ou deux ans avant la mort de ma fille, quand j'ai compris qu'elle ne dépensait presque rien pour se nourrir, je lui ai proposé de l'aider mais elle n'a pas voulu. » Plus tard, Lakpa et sa petite sœur Kanchi iront étudier sur les bancs de l'« école Chantal Mauduit », qui verra le jour à Katmandou après la mort de l'alpiniste et qui accueillera aussi le plus jeune fils de son ami Tsering, décédé avec elle en 1998.

*

Camp de base népalais de l'Everest, début septembre. Le temps de l'acclimatation. Musique dans le walkman : U2, Lennie Kravitz, Pink Floyd, Rolling Stones, Paul Personne, Gary Moore, du zouk, REM. Lectures : Duras, Süskind, Ben Jelloun, Vian, Buzzati, Mishima... Invitations entre expés : un soir, les voisins proposent un « thé polonais ». « Et moi comme une conne qui répond oui,

Chantal aussi », se souvient Frédérique Delrieu. « Quinze minutes après, je lui dis que je suis complètement scotchée à la banquette, elle me répond qu'elle aussi, eux les Polonais sont contents de nous montrer la bouteille qui est venue compléter le thé… »

Il neige. Chantal monte directement au camp 2, à 6 500 mètres. C'est la voie historique d'ascension, qui serpente dans la fameuse « Icefall » et ses séracs menaçants, gros comme des immeubles (« des citadelles surplombantes », écrit-elle), puis remonte sur des kilomètres la combe Ouest, profonde tranchée entre les immenses faces de l'Everest et du Nuptse. Les avalanches y sont monstrueuses. Elles grondent de toute part, effrayantes. Difficile de s'y habituer, de faire comme si de rien n'était.

Premier aller-retour au camp 3, à 7 000 mètres. En face, une avalanche ensevelit des alpinistes sur les flancs du Pumori.

> « Enfer de la montagne, horreur de la nature, la précarité des choses nous saute à la gueule. Pumori, avalanche, deux hommes, un sherpa, un jeune de 18 ans, LA MORT. »

Le bruit court qu'un jeune Français a été emporté. Il est finalement sain et sauf, c'est un autre jeune de l'expé, un porteur d'altitude, qui a été tué.

Il neige encore. Pasang Lhamu et des sherpas partent le lendemain pour le sommet, Chantal, Frédérique et deux autres Français doivent les suivre quelques jours plus tard. Neige toujours, avalanches. Et grosse frayeur pour Frédérique Delrieu : « Je vois l'immense nuage foncer sur nous. C'est la plus grosse avalanche depuis que je suis ici et je risque de passer dessous. Nous sommes à des dizaines de mètres les uns des autres, je ne peux profiter des conseils de mes aînés. Je ne cède pas au réflexe de courir : impossible d'échapper au déluge vu la largeur du truc. »

Dans son carnet, Chantal écrit le conseil de son ami guide :

« Il faut que je regarde les avalanches droit dans les yeux. »

Frédérique observe son amie en altitude, admirative : « C'est dans ces moments-là que tu sais à qui tu as à faire. À 7 000 ou 8 000, tu ne triches pas. Si tu es toujours amical, joyeux, agréable comme elle l'était, c'est que tu l'es vraiment. » Elle se souvient avoir vu des clients changer complètement à partir de 3 500 mètres sous l'effet de l'altitude qui révélait leur vraie personnalité, tel un alcool désinhibant. Charmants à l'égard des Népalais dans la vallée, des grimpeurs s'avéraient racistes et odieux là-haut.

Par chance, le gros de la coulée s'est arrêté avant eux. Redescente au camp 1, puis remontée au camp 2, le rituel ascensorique des expéditions himalayennes. Un coup en haut, un autre en bas. Chantal a passé la nuit dans une autre tente que la sienne, hors du camp des Népalais, ce qui provoque la fureur du cuisinier : les Népalais pensent qu'une relation sur la montagne attire les foudres… Elle ne voit pas le mal, n'en veut à personne, reste aimable. Frédérique Delrieu : « J'étais scotchée de voir une telle intrusion dans la vie privée de quelqu'un. C'était violent ! »

*

Le 2 octobre, elles partent enfin pour le sommet. Départ à 4 heures du matin du camp 2, de 6 500 mètres. À 16 heures, les voici au col Sud, à 8 000 mètres. Le vent se déchaîne. Les Espagnols de l'expé poursuivent vers le sommet qu'ils vont atteindre avec de l'oxygène quand les Français s'y refusent. Frédérique Delrieu décide de redescendre pour remonter prochainement, Chantal reste puis redescend à son tour. Nouvel assaut le 8 octobre, mais Frédérique n'y arrive pas, elle renonce en haut de l'Icefall.

« J'apprends que le sirdar (le chef des sherpas) a empêché Chantal d'accéder au camp 4. MERDE ! Chantal arrive une heure plus tard, en colère, évidemment. L'expé était celle de Pasang... Une femme au sommet ferait certainement de l'ombre à Pasang qui n'a pas fait le sommet. »

Chantal doit passer après Pasang. C'en est fini de cette deuxième tentative. Retour dans la plaine, puis en France.

*

À son retour en France, Chantal travaille à temps partiel comme kinésithérapeute. Elle aime ce métier mais l'exercera toute sa vie avec modération, reconnaissant travailler de moins en moins au fil des ans, privilégiant les remplacements pour se donner la liberté de partir grimper quand bon lui semble. Une âme de vagabonde que la sienne : pas de travail fixe, pas d'horaires connus d'un jour sur l'autre, pas de voiture mais le stop ou un vélo, pas d'argent ou alors seulement pour partir au Népal, « le pays du sourire ».

Une vidéo la montre au centre de rééducation de Saint-Alban-Leysse, dans la banlieue de Chambéry, où elle prend soin d'enfants et d'adultes handicapés. Elle y restera salariée un an. (« Heureusement que mon contrat était limité dans le temps, sans quoi je n'aurais pas pu tenir le coup. »)

On la voit déplier lentement, précautionneusement, un enfant autiste recroquevillé sur lui-même. « Ça va ? Je ne te fais pas mal ? » Puis l'enfant fait des exercices dans la piscine, il souffre, il s'épuise. Elle l'entoure de ses encouragements, le motive avec

toute la gentillesse du monde, « Allez ! vas-y, tu peux le faire !
C'est bien ! »

Étudiante, Chantal a fait un stage dans le service des grands
brûlés de l'hôpital Édouard-Herriot, à Lyon. Son père : « Elle
m'avait dit : "C'est à connaître mais à éviter". Elle aimait par-
dessus tout le contact humain et en cela la kiné lui plaisait beaucoup. Elle aimait parler, échanger, comme sa mère qui disait :
"Quand je prends le train, tout le monde veut se confier à moi !" »

Chapitre VI

RENONCER

« Peut-être que je suis folle »

Rien n'est jamais banal à l'Everest aux temps d'avant le règne des expéditions « commerciales ». Rien sinon le vent, le froid, les tourments de la haute altitude et la présence de la mort.

Printemps 1992. Chantal est de retour. Expé française avec Denis Chatrefou, Tof Reveret, Christian Lovato, Fred Foucher, Antoine Melchior. Le 29 avril, elle est au camp 3, à 7 200 mètres. Un gypaète les survole et les salue.

> « La magie blanche s'est transformée en magie noire. Cette nuit, accrochés aux cordes fixes entre le camp 4 et le col Sud, deux Indiens morts, peut-être quelques autres, mal équipés, en plein froid. »

Le vent est glacial, « terrifiant », écrit-elle. Ils sont à 8 000 mètres, Denis gèle sur place, Christian étouffe. Elle les redescend ; victime d'un œdème pulmonaire aigu, le second est sauvé par des militaires britanniques. L'expé tourne au fiasco sur fond de drames : en plus des deux Indiens morts sous le col Sud, un Sherpa se tue en tombant dans l'Icefall, un cuisinier meurt d'un infarctus, un autre Sherpa est dans le coma, victime d'une fracture du crâne. On compte douze mains gelées…

Chantal décide que sa prochaine virée se fera en solo, ou presque : rien qu'elle et deux Sherpas, un cuisinier et un grimpeur. Les journalistes commencent à s'intéresser à elle, dire qu'elle aime cette médiatisation débutante serait exagéré. Avant son départ, le *Parisien*[15] a titré : « Une Française attaque l'Everest… sans oxygène ! ». Elle annonce qu'elle compte mettre trois à quatre semaines entre le camp de base et le sommet. « La jeune femme, pour qui l'ascension du mont Blanc n'est plus qu'une formalité ("je l'ai fait au moins vingt fois !") a plusieurs fois dépassé les 8 000 mètres dans l'Himalaya et les 6 000 dans les Andes », écrit le *Parisien*. Tout le monde ne sait pas que l'Everest ne saurait se comparer au mont Blanc. Chantal a-t-elle apprécié ces premières interviews ? Elle sait en tout cas en rire.

> « Lu que l'altitude repousse la ménopause : réponse aux
> journaleux-chieurs pour ma motivation profonde pour
> la haute montagne… »

Cette année encore, Chantal Mauduit a buté sur l'Everest. Dominique Fassetta ne l'a jamais vue se décourager ni être attristée par l'absence de réussite en montagne. « Les gens qui ne l'ont pas connue n'ont pas eu de chance. » Michel Vincent estime qu'il lui a manqué « le facteur chance à l'Everest. Un peu d'ancrage dans le réel aussi peut-être, au sens physique, énergétique. Quand elle posera pour *Libération* la tête en bas dans un ascenseur, c'est elle tout craché. Un peu planante, comme dans un entre-deux. »

Et cette année encore, elle ne songe qu'à repartir. Entêtement ? Obsession ? Au printemps 1993, elle est avec des Américains et des Néo-Zélandais, ainsi que le Sherpa Ang Tsering, qui deviendra

---

15. 28 mars 1992.

son compagnon de cordée et son ami proche. Dans son carnet 23, elle note qu'elle a emporté *Les Fourmis,* de Boris Vian, évoque Verlaine qui la berce de ses « paroles cajoles, j'emmènerai avec moi ses "soleils couchants" des *Poèmes saturniens.* »

Le 10 mai, elle quitte le camp 4 à 2 heures du matin. Ils sont cinq à progresser sans oxygène. Ceux qui en usent semblent voler : l'oxygène améliore les capacités physiques, comme si le corps redescendait artificiellement de 1 000 ou 2 000 mètres. Mais surtout, il décuple les capacités de résistance au froid. Chantal, malgré ses trois couches de moufles, se sent « comme un bloc de glace », pénétrée jusqu'aux os par le froid descendu de la stratosphère.

> « Tous les 400 mètres je lutte, je frappe, je tape, je claque, mes jambes, mes pieds à coup de poing, de piolet, le froid me mange les orteils, d'abord les gros puis leurs voisins puis la plante des pieds. »

Elle atteint le « Balcon », 8 500 mètres, aperçoit le soleil, accélère. La voici au sommet Sud, à 8 755 mètres. Le sommet, à 8 848 mètres, est à sa portée. Ses compagnons la photographient, elle a battu le record féminin sans oxygène « par un temps à faire voler des cerfs-volants ». On lui propose de l'oxygène. Un peu d'air en échange du Toit du monde. Elle se souvient s'être entendue dire :

> « Écoute Chantal, tu as une condition physique incroyable mais t'as froid, prends mon oxygène ! »

Elle refuse. On la traite de folle, elle refuse à nouveau.

> « Je n'ai pas voulu, ça aurait brisé le rêve. Peut-être que je suis folle. »

L'alpiniste et sophrologue Daniel Zanin n'a pas oublié le récit de cet instant où tout s'est joué : « Elle était à moins de 100 mètres de dénivelé du sommet, ils lui ont dit : "Prends de l'oxygène et tu pourras y arriver !'' Mais Chantal était tellement pure qu'aucune compromission n'était possible. » Le froid va la tuer si elle insiste. Mourir par combien ? - 50 °C ? Plus encore ? S'asseoir et mourir sur place ? Elle prend le risque :

> « L'engourdissement de mes pieds est tel que je décide
> de m'asseoir, attendre, peut-être, un vrai rayon de soleil.
> Assise sur trois cailloux, je m'aperçois vite que mon
> espoir sera vain. »

Elle se relève vite et redescend se réchauffer au col Sud, s'épargnant une inévitable amputation. Pour elle, aucun sommet ne vaut qu'on lui sacrifie des orteils, pas même l'Everest. Elle décrit des scènes dignes d'un théâtre militaire, les blessures, les amputations, la mort.

> « Un Italien aux yeux injectés de sang se compare à
> un salami : ses mains vont être amputées de quelques
> phalanges… »

*

Au camp 2, elle se réjouit aussi de pouvoir déguster des sardines, du pain, une boisson chaude, les pieds dans de délicieuses chaussettes. Elle découvre un canard jaune en peluche. Sa sœur Anne, qui l'accompagne sur ce début d'expédition, l'a déposé pour elle à 6 500 mètres d'altitude. Il trône toujours sur les étagères de sa chambre de Barberaz, au milieu de ses livres, de ses photos, des souvenirs et cailloux ramenés d'expéditions. Elle a renoncé au sommet au nom d'un idéal, d'une conviction, demeurer « nono », « no oxygen ». Dans ses carnets, elle évoque « le gang des masqués et le clan des nonos ». Elle pressent que des milliers de personnes seront bientôt capables de gravir l'Everest « avec artifice » mais s'interroge : « L'Everest en vaut-il la peine si l'on renonce à ses valeurs ? » En abandonnant si près du but, elle a répondu sans équivoque.

Michel Vincent l'admire aussi pour ce renoncement. « À l'Everest, elle a su se dire : "J'en garde sous la semelle pour revenir." Elle a su redescendre à temps, à chaque fois. Trop de gens rentrent dans une zone de flou — je redescends ou pas ? » oublient de prendre en compte tous les paramètres, perdent l'ancrage dans la réalité, s'autorisent à aller trop haut, au point d'en mourir. Elle écrit :

> « Il ne faut pas se croire invincible ; ne pas oublier que la montagne décide, éviter que la balance ne penche du mauvais côté. L'Everest reste, mon rêve reste. Je reviendrai. »

*

Il y aura encore deux expéditions à l'Everest pour sceller un destin. Le carnet 26 conte le printemps 1994 et la tentative d'ascension du versant nord de l'Everest. Ils sont dix : néo-zélandais, canadiens, américains, guatémaltèques, roumains et français, René Robert et elle. Elle rédige le carnet d'une écriture très accidentée, comme imprégnée des souffrances qui l'entourent. De grosses lettres, peu de lignes par page. Peut-être tremblait-elle en écrivant ces lignes sombres :

> « Everest 1994 quatre morts, Mike Riemberger, Australie, 7e tentative, 54 ans ; Norman, Taïwan, 23 ans ; Italien en crevasse explore le néant des pays glaciaires ; sherpa consumé à Rongbuk ; Marc, compagnon de Mike, en noircit de douleur pieds et mains, son équipier d'ascension n'est plus, sa voix résonnait encore en haut, outrageante,

tremblait à la radio d'immonde solitude, l'agonie en direct, l'abandon sans pardon. »

Elle se console en se plongeant, comme toujours, dans la poésie et en recopiant ces mots d'Hermann Hesse dans *Enfance d'un magicien* :

« Encore et toujours je remonte
À ta source, gracieuse légende d'autrefois,
De loin j'entends ta voix d'or,
Je t'écoute rire, rêver, pleurer en silence.
Du fond de l'abîme, à peine chuchotée,
La parole magique m'exhorte, et moi
Comme un homme ivre et ensommeillé
J'entends ton appel encore et toujours. »

Elle écrit à 6 500 mètres d'altitude, au camp de base avancé du versant tibétain. Le vent, encore et toujours.

« J'ai délaissé la quiétude du camp de base, j'ai passé les icebergs échoués sur les moraines, j'ai salué les cimes d'Himalaya venté, j'ai bu le thé fumant des sherpas souriants, j'ai franchi des haies de liberté et savouré la beauté des sens réanimés. »

Elle écoute U2, lit Baudelaire. Deux Taïwanais sont en perdition quelque part, entre rocher, glace et ciel.

« Ils ont signé la première ascension du versant tibétain ce printemps mais ont omis de signer le retour. Ils sont morts… telles des ombres de montagnes ensoleillées. »

Un Américain reçoit un appel téléphonique de son fils de 5 ans : « Papa, ne va pas au sommet ! » L'alpiniste fait demi-tour mais il souffre du mal des montagnes.

« Sous perfusion, le corps fantomatique, la barbe blanche
en signe de jours de vieillesse d'Himalaya, Juliano vit,
revit, lentement, sûrement, simplement. Trois expés à
l'Everest, trois fois amputé. »

Une avalanche les manque de peu le 22 mai. Le lendemain, c'est
l'abandon, sixième échec. Elle se moque d'elle-même, se comparant
aux Bidochon, ces personnages de bande dessinée pantouflards.
Il faut écouter Michel Vincent pour mesurer la force nécessaire
pour savoir renoncer qu'il admire chez elle et qu'il a connue à
son tour en 2009 au Manaslu. Deux jours de beau temps devant
lui, le sommet n'est plus si loin, l'ascension finale est tellement
tentante. Il renonce pourtant au sommet. « Nous ne serions jamais
redescendus. Il faut savoir évaluer sa capacité de rayonnement,
prendre conscience qu'une ascension s'évalue dans sa globalité,
que pour qu'elle soit réussie, il faut savoir rentrer sain et sauf. »

*

Six fois, Chantal Mauduit a échoué à l'Everest. Elle se projette
au sommet, assise à côté d'un personnage en bleu marine, son
visage à elle entouré d'une capuche jaune. Elle dit savoir qu'elle
va gravir le Toit du monde :

« Sentiment rassurant, sentiment déconcertant, sentiment
débordant, comme si je devais rejoindre mon double
assis là-haut, bientôt. »

Elle refuse toujours le secours de l'oxygène.

« Gravir l'Everest, Toit du monde, rêve d'enfant, rêve
d'alpiniste, mon rêve ; sans oxygène, sans artifice, découvrir la suprême dimension, comme le cycliste grimpant

un col, puisant dans ses ressources, physiques, mentales. Au printemps, à l'heure où la nature s'éveille, être à 8 000 sans oxygène, s'ouvrir au printemps des sens en ces hauts lieux en harmonie avec la terre, où l'horizon intérieur s'épanouit. »

Ses convictions s'affirment au fil des ans. Les échecs à l'Everest sont formateurs, d'autant qu'ils sont accompagnés, année après année, de merveilleuses réussites tout près, sur les autres hauts sommets himalayens. Elle songe à sa condition de femme alpiniste, réalise lors de l'expé de 1993 qu'elles ne sont, selon son décompte, que 83 femmes à avoir foulé un sommet de plus de 8 000 mètres.

« Si peu ! Probablement à cause de LA question d'être mère, d'avoir des enfants, qui doit arrêter par choix nombre de femmes ; et de l'image trop virile de l'alpinisme... »

Quand Frédérique Delrieu lui confie son regret de ne pas appartenir à la génération des alpinistes explorateurs, « ceux qui sont arrivés en Himalaya tels des voyageurs aventuriers, à cette époque où ce monde était un mystère », elle renverse le point de vue, à la manière d'un psychologue. « Frédé, je crois que nous sommes justement nées à la bonne période. Nous sommes aujourd'hui libres de vivre ce que nous avons envie de vivre. Il n'y avait pas de place pour les femmes alpinistes à l'époque dont tu parles, aucune n'a pu partir en expédition ».

Elle est une féministe qui s'affirme et réclame sa place, toute sa place, dans un milieu dévolu aux hommes, assume sa sexualité, son indépendance, sa liberté tout simplement. Elle se sent grandir de jour en jour, dit-elle.

« Le désir, l'irrésistible besoin de rejoindre la visualisation
si souvent projetée en mon esprit de ce personnage que
je suis, au sommet de cette immensité liant la terre à
l'univers, comme si cette image m'attendait pour enfin
sortir de la platitude du dessin. Prendre forme, vie, relief,
caractère humain... »

Elle jouit de la haute montagne, de sa vie, des hommes, dort
avec qui elle veut sous la tente, à des milliers de mètres au-dessus
du niveau de la mer, évoque, sans s'épancher, dans ses carnets,
telle nuit qu'elle aurait rêvée de partager « avec Oscar, simplement, par tendresse, connivence, connaissance de la vie à 8 000
en pleine nuit », telle autre avec « Ed »... Elle recopie « C'est
qu'il nous faut consentir », un poème de Rilke : «... Il faut que
les orgues grondent / pour que la musique abonde / de toutes les
notes de l'amour ».

Elle tente encore de comprendre et de justifier ce qui l'attire
vers l'Everest :

« En fait, c'est plus fort que soi. D'abord voir... et puis
toucher la "dernière montagne", être au plus près des
étoiles. C'est quelque chose, non ? »

*

Printemps 1995, ultime tentative à l'Everest, côté népalais.
Elle quitte Katmandou en hélicoptère pour Lukla, à l'entrée de la
vallée du Khumbu. L'expédition est sous commandement néo-zélandais mais également composée d'Américains, d'une Polonaise,
d'un Japonais, de Chantal et de porteurs népalais. Un trek d'une
semaine conduit au camp de base, à 5 350 mètres d'altitude,

au pied de l'Icefall. Elle souffre du genou droit, le souvenir de la rupture des ligaments croisés. Il est enserré dans une attelle. Chaque jour, elle prend de profondes respirations, dialogue avec tout son corps, parle à son genou, le masse, l'embrasse, l'enveloppe d'une « prothèse d'amour exhalant bonheur, compassion, sincère affection, rejaillissant sur tout mon être. » Elle se délecte d'un steak de yak qui transcende le corps physique en support mystique… Trois expéditions se partagent la moraine pour installer les tentes, deux groupes d'Américains et eux. Après trois semaines et deux séjours de cinq ou six jours en altitude, jusqu'à 7 400 mètres, l'acclimatation est parfaite pour envisager le sommet. Ils sont douze à quitter le camp de base, dont cinq sherpas. Ils remontent l'Icefall, cheminent au milieu de la combe Ouest jusqu'au camp 2, à 6 500 mètres, grimpent à 7 000, reculent à cause du vent, repartent à l'assaut, atteignent le camp 3 à 7 400 mètres. Le lendemain, c'est le col Sud à 8 000 mètres, camp 4. Peu avant minuit, éclairée de sa lampe frontale, elle quitte la tente avec Nima et Norbu, deux amis sherpas.

> « Au commencement, la nuit est relativement calme, froide sous les étoiles. Jusqu'à 8 500 mètres, l'ascension est glaciale, ventée. Je dois puiser ma force dans tout mon corps et mon esprit. L'air inspiré refroidit poumons et extrémités, je surveille à chaque instant l'éveil de mes orteils… »

Arrivés sur l'arête, le soleil les éclaire, l'horizon s'ouvre sur le Tibet ocre, non loin au-dessus se dessine le sommet Sud… Elle se souvient de sa dernière fois avec l'alpiniste catalan Oscar Cadiach qui, une fois parvenu au sommet sans oxygène, lui avait lancé : « La prochaine fois, Chantal, c'est toi ! »

À 8 500, elle tente d'accélérer, le corps lutte contre le vent et les gelures. Sa récente blessure au genou rend l'ascension pénible.

> « À 8 600, j'étais obligée de saisir mon genou droit et de le plier à l'aide de mes mains pour pouvoir gravir le mixte, mon attelle bloquait mes mouvements et m'empêchait de lever le pied assez haut sur les prises. »

Elle parvient au sommet Sud à 8 755 mètres, à un regard du sommet. Le vent s'est calmé, enfin. Cette fois sera la bonne. Elle sera la première Française au sommet sans oxygène. Elle est en retard sur le timing, la faute à la météo mais elle veut continuer. Elle n'ira pourtant pas plus loin. « Pas de sommet, il est trop tard ! » a décidé le chef d'expédition Ed Viesturs. Elle plonge ses yeux vers le Tibet, le Lhotse, prend quelques photos, un peu d'oxygène pour redescendre vu son état second.

> « C'était incroyablement beau, c'eût pu être incroyable-ment mortel. »

Son esprit revient à la réalité : il est trop tard, trop tard. Deux mots qui résonnent dans sa tête. Sagarmatha ne veut pas, personne n'ira au sommet, « il restera un regard ». Chez elle, sur son tapis de yoga, elle s'était entraînée à visualiser le sommet. Maintenant qu'elle n'est plus qu'à quelques mètres, plus proche que jamais, elle lutte pour ne pas poursuivre, pour ne pas mourir.

> « Je m'aide d'une image qui me détend, l'océan en Thaïlande, pour m'apaiser et accepter de renoncer au sommet. De la cime sud, je vois la mer turquoise en esprit… »

Elle redescend, épuisée.

Prise de somnolence et d'épuisement, elle est assistée par Rob Hall et Ed Viesturs, qui aura des mots très durs pour elle dans son livre *No Shortcuts to the Top*[16], l'accusant de ne pas reconnaître avoir été secourue : « Il a fallu la porter tel un sac de patates et elle est allée raconter aux journalistes qu'elle ne s'était pas évanouie et était juste arrivée après les autres ». Viesturs affirme qu'elle ne se montrait pas solidaire lors des expés, laissant les autres préparer les passages les plus difficiles ou transporter les vivres dans les camps pour en profiter ensuite. Nous verrons plus tard que leur relation fut particulière et que les témoignages de l'Américain sont à prendre avec de solides pincettes.

Ainsi, Chantal Mauduit aurait été une sorte de « coucou » profitant de l'infrastructure de ses bienfaiteurs sans même exprimer de reconnaissance ? Frédérique Delrieu, qui a partagé nombre de ses expéditions, rappelle que quiconque paye sa place dans une expédition à l'Everest « achète » l'équipement de la voie, qui est toujours réalisé par les sherpas. Elle précise que, contrairement à elle-même, Chantal ne consommait que très peu de vivres.

Surtout, Delrieu livre un témoignage qui donne aux accusations de l'Américain une tonalité troublante : « Ed Viesturs est venu la rejoindre aux Houches – je crois que c'était pendant l'hiver 1993. Nous sommes partis tous les trois grimper une goulotte dans le massif du Mont-Blanc. Chantal était devant, Ed et moi derrière : il lui faisait confiance. Elle l'a accompagné faire un mont Blanc en télémark… À cette époque, il n'était pas connu, elle lui a présenté un fabriquant qui lui a offert une paire de chaussures d'altitude. Ed semblait sympa, réellement, je n'ai rien compris de ce qu'il a pu dire ensuite. »

Frédérique Delrieu est intarissable sur l'exceptionnelle condition physique de celle qu'elle et ses amis surnommaient « troisième

---

16. Lire le chapitre VI.

poumon ». Mais elle sait aussi que personne ne peut jurer de ses réactions en très haute altitude : « J'ai pris le parti d'accepter que mon amie adorée, mon aînée, la maestro de l'alpinisme, ait pu elle aussi, comme plein d'autres, rencontrer ses limites. » Elle s'interroge sur cet étrange effondrement à l'Everest : « Peut-être était-ce un certain vertige des cimes. En haute altitude, le cerveau "patauge" parfois, les meilleurs se sont laissés surprendre. »

*

Deux jours après, Chantal Mauduit est de retour au camp de base. Le 13 mai 1995, l'Anglaise Allison Hargreaves est saluée comme la première femme à atteindre le sommet de l'Everest sans oxygène[17]. Mère de deux enfants de 4 et 6 ans, elle mourra trois mois plus tard en redescendant du K2. Au sommet de l'Everest, elle avait eu ces mots dans le talkie-walkie : « À Tom et Kate, mes deux enfants, je suis au sommet du monde et je vous chéris plus que tout. »

---

17. L'ascension réussie sept ans plus tôt sans oxygène par la Néo-Zélandaise Lydia Bradey n'avait pas été « homologuée ». Jaloux de ce succès, son chef d'expédition, Rob Hall (le même qui assiste Chantal Mauduit à l'Everest), avait affirmé qu'elle avait menti et sa parole fut prise pour argent comptant. Lydia Bradey a été réhabilitée par la suite (lire notamment son portrait dans *100 Alpinistes,* Guérin, 2015).

Chapitre VII

CHOGORI

« Je vis mon rêve tout éveillée »

Janvier 1992 en Patagonie. Une année commence à l'autre bout du monde, la tête à l'envers. Le carnet 20 raconte ce mois passé en Patagonie avec l'alpiniste américain Thor Kieser, dont Chantal est tombée amoureuse à l'Everest. Dans son sac, elle n'a emporté qu'une paire de chaussons d'escalade, pas de grosses godasses. Au retour, elle reconnaîtra avoir eu « un peu froid aux pieds ». Ils sont à El Calafate, village qui porte le nom d'un arbuste très répandu dans cette partie sud de la Patagonie. Le dicton indien dit que celui qui mange sa baie reviendra... Ils voient les tours de glace du glacier Perito Moreno s'effondrer dans un lac aux eaux turquoise.

Depuis El Chalten, les flèches granitiques du Fitz Roy et du Cerro Torre sont dans leur ligne de mire. Elle a emporté un livre d'Arnaud Desjardins prêté par Daniel Zanin, son ami sophrologue : *Pour une vie réussie, un amour réussi.* Thor est là. Elle n'arrive pas à comprendre le rythme solaire, « toujours le jour. Le soleil n'arrive pas à se coucher ». Thor a emporté deux piolets, elle un seul.

> « On monte sans corde jusqu'à la brèche, mixte sympa,
> fun dans le couloir. Baptême du vent patagonien, la folie !
> Attendre un miracle. »

Elle évoque des grottes de neige, la lecture de Malraux, recopie ce passage de *La Condition humaine* : « Vous prenez votre lâcheté pour de la sagesse, et croyez qu'il suffit d'être manchot pour devenir la Vénus de Milo ». Ils s'attaquent au Fitz Roy (3 359 mètres) par la voie franco-argentine. Ils grimpent, grimpent, se croient déjà au sommet quand une étincelle la surprend : c'est un bloc énorme, décroché par son compagnon, qui fonce sur elle.

> « Je me miniaturise, le rocher accroche mon piolet, arrache un bout de sac et file… Stupeur, j'entends gémir à côté de moi, Thor, mon compagnon chez les Patagons, se trouve pendu à un brin de la corde (l'autre étant rompu par le bloc), le visage ensanglanté, une main tuméfiée… Cauchemar ? Non, réalité ! Je monte fixer des pitons pour un bivouac improvisé, sur une plaque de granit loin de l'horizontale… Dans la nuit froide, presque au sommet du Fitz, pendus sur deux pitons, deux grimpeurs, l'un gémissant ; la corde coupée, il neigeote… Puis les étoiles envahissent le ciel, je m'endors. Sur le matin, descendant du sommet comme du ciel, trois petits Suisses de Neuchâtel nous secourent… Longue, longue descente, pour enfin nous retrouver à Rio Blanco. »

Elle revisite cet accident dans une troublante introspection de couple :

> « Psychologie humaine. Thor, en tombant, a tenté de me tuer, en envoyant un rocher droit sur moi, inconsciemment bien évidemment, tout en tentant de se suicider. Il en gardera des cicatrices (d'Amour) visuelles… Il fit une psychothérapie suite à l'accident au cours de laquelle il s'aperçut de ces faits que j'avais compris sans lui en

parler, l'ayant déjà blessé en refusant son "amour pour toujours"… La réussite d'escalades ne tient pas qu'à la météo, ne tient pas qu'aux aptitudes sportives ; la réussite d'escalades tient au fil sentimental. »

*

Et maintenant, place au K2, à l'effrayant K2, le deuxième plus haut sommet du monde avec ses 8 611 mètres, et peut-être le plus dur. La « montagne des montagnes ». « C'est une pyramide de 5 kilomètres de large et 3,5 de haut, une masse de gneiss, de schistes et de granit équivalente à 37 Cervin, flanquée à l'ouest d'un pyramidion blanc, l'Angélus, écrit Charlie Buffet. Il faut imaginer son sommet non comme un lieu physique, point de rencontre de cinq arêtes montant de la Chine et du Pakistan, mais comme une bulle. Un espace de non-vie aux confins de la stratosphère, où l'air pèse trois fois moins qu'au niveau de la mer, où le vent frappe avec la violence du jet-stream. »[18]

Le K2, contrairement à l'Everest, ne compte aucune voie facile, équipée chaque saison de cordes fixes. Il repousse les expéditions commerciales, la banalisation. Il fait peur. « C'est une montagne superbe, immense, qui écrase », résume Jean-Christophe Lafaille, qui a réussi le sommet en 2001. « Les risques sont palpables, on les visualise. Non loin du camp de base, il y a ce mémorial, on se croirait dans un cimetière. Pour rejoindre le pied de la paroi, on marche sur le glacier Godwin-Austen, où un ami espagnol a retrouvé le corps de Maurice Barrard il y a deux ans. C'est à un

---

18. *La folie du K2,* éditions Guérin, 2004.

quart d'heure de marche des tentes où l'on vit pendant deux mois. Et chaque fois que je l'ai emprunté, j'y ai retrouvé des débris humains, un bassin, des vêtements, des chaussures. Toute l'histoire de cette montagne te pèse sur les épaules. »[19]

Chantal dit rarement « K2 », mais plus souvent « Chogori », le nom balti. Pour mieux l'apprivoiser ? Elle trouve surtout que le nom local va bien à cette montagne « sauvage ». Elle ne se nourrit pas de peurs ou de récits guerriers, plutôt de désirs où le mystère et la poésie tiennent une bonne place. Cette expé, c'est son « Objectif lune », écrit-elle dans *J'habite au paradis* : « Je n'ai jamais vu de photographie de cette lune-là, je ne sais que les mots de mes amis d'Himalaya qui m'ont tracé un tableau surréaliste de la chaîne du Karakoram ». Et elle ajoute : « Je n'ai jamais lu ces récits d'ascension, je n'ai jamais regardé le "topo" des voies, je n'ai jamais vraiment pensé partir un jour avec cette montagne en point de mire ». C'est le hasard d'une rencontre à Katmandou qui a décidé.

Le 2 juin 1992, elle découvre le Pakistan, où il ne fait pas bon être une femme autonome…

La chaleur est accablante, il pleut. Elle écoute Bernard Lavilliers, porte le costume blanc local. Comme à chaque début d'expé, elle est tombée malade, rhume et toux. Elle prend des antibiotiques par sécurité. Une semaine plus tard, elle est à Concordia, cet immense confluent glaciaire où la colossale pyramide du K2 vous saute pour la première fois au visage. Chantal, comme tous ceux qui l'ont précédée, est pétrifiée :

« Je dois avoir un visage aussi livide que les nuages voilant le sommet. Cette fois j'ai bel et bien "disjoncté",

---

19. Idem.

je suis partie un peu trop à la légère. Maintenant que je vois cette masse à gravir, je commence à me demander ce que je fais ici. Ne pas savoir où l'on part, c'est bien : l'aventure paraît plus intense. Mais là, elle semble soudain impossible. »

Elle fait le bilan de son imprévoyance : elle a oublié ses guêtres ; ses crampons, brisés peu avant à l'Everest, sont rafistolés. À un pied, elle porte un vieux Grivel, récupéré ; à l'autre, une partie avant Simond et une partie arrière Charlet. À Chambéry, elle a passé davantage de temps à choisir la musique et la littérature qu'elle allait emporter qu'à se préoccuper du matériel de montagne.

Encore deux jours et la voici au camp de base du K2, à 5 050 mètres, au pied de l'éperon des Abruzzes, la voie de la première ascension. Elle est seule, les autres expéditions n'arriveront que plus tard. Ses porteurs ne parlent pas anglais. Ali, le cook, l'aide à installer sa tente ouverte sur le levant. Et le soir, elle regarde le soleil couchant embraser les sommets géants du K2 et du Broad Peak :

« Je suis bien, emmitouflée dans mon duvet sous une simple toile de tente, loin de la chaleur d'une maison ».

Elle observe une petite souris grise, qu'elle baptise Popo.

« Pour ne pas apeurer mon acolyte au pelage gris soyeux, je décide de ne jamais changer l'emplacement de ma tente durant toute l'expédition. »

Ses seuls voisins dans le camp de base presque désert sont quatre Suisses qui ont baptisé leur camp « K2 Baltoro Inn » et lui ont accordé cinq étoiles. Ils rêvent de gravir la montagne en « style alpin » : sans porteurs d'altitude, ni camps installés à demeure ni cordes fixes. Chantal est heureuse de se joindre à ce qui devient un « quintette ».

Le 12 juin, elle parvient au camp 1, à 6 100 mètres. Elle confie son enthousiasme à son carnet :

> « Quelle montagne ! Ambiance sauvage à souhait, la neige enfonce, le vent rugit, les flocons cinglent le visage, loin de la cohue everestienne, enfin de l'Himalaya sauvage, beau ! »

Il neige pendant des jours.

> « Une monstrueuse avalanche a traversé le glacier qui mène au pied de l'Abruzzi, les "Zavalanches" fusent çà et là ».

Le 21 juin, elle fait un aller-retour jusqu'au camp 2 à 6 700 mètres. Elle cherche en vain les traces de l'été dans le minéral et sauvage Karakoram qui se dévoile sous ses yeux :

> « Sous la pâle lueur de la lune, seuls les glaciers serpentaient entre les sommets pointant au loin. Toujours point d'été ! »

Elle se souhaite bonne chance à elle-même… Avec deux des Suisses, Peter et Roby, elle gravit les cheminées House, le passage technique qui ouvre la voie de l'éperon. Dans le vent, la neige, les éclaircies féériques, ils s'arrêtent sur une vire juste assez large pour leurs deux tentes, parmi les vestiges d'un camp abandonné. Le mauvais temps les bloque sur ce nid d'aigle, ils tentent une sortie et mettent une heure pour parcourir 50 mètres. Les deux hommes renoncent, voici Chantal seule sous la tente, perdue à 7 000 mètres et des poussières. Son crampon bidouillé casse. Demi-tour.

La tempête s'aggrave. Elle joue au bridge, lit *Neige de printemps* de Mishima et écrit des maximes qui lui ressemblent : « La vie des passions répugne à toute contrainte, d'où qu'elle vienne. » Dans ses carnets, son écriture se fait de plus en plus serrée. La mauvaise humeur gagne, les journées s'étirent en une interminable attente. Il neige, il vente. L'inquiétude.

*

Le camp de base s'est peuplé : plusieurs expéditions sont arrivées. Elles ont décidé d'équiper la montagne de cordes fixes. Chantal s'attriste : ainsi « ficelé », le sauvage Chogori redevient le K2.

Nouvelle tentative le 20 juillet. Avec une bonne vingtaine de kilos dans le dos, la revoici au camp 3, à 7 300 mètres. Elle rejoint Thor Kieser, l'amant blessé de Patagonie, arrivé entre-temps. Il y aussi un autre Américain, Ed Viesturs ; un certain Neil et un Ukrainien, Alexei, « grand gaillard barbu de Saint-Pétersbourg ». La météo lui fait une nouvelle fois rebrousser chemin, mais dix jours plus tard, une bonne fenêtre se présente. Le 1er août, un camp provisoire est installé à 7 900 mètres d'altitude.

« Temps splendide, Chogori à portée de main ! »

Le 2 août, le temps se maintient et le camp est remonté à 8 100 mètres.

« Petite montée cool au camp 4 sur l'arête, comme c'est beau ! »

*

3 août 1992, 8 100 mètres. Chantal est seule dans sa tente. Alexei et Thor sont dans celle d'à côté. À 5 heures du matin, les deux hommes partent vers le sommet. Ils l'appellent, la réveillent, le vent souffle fort. Elle allume son réchaud pour préparer un

thé. Emmitouflée dans son duvet, elle somnole. Alexei et Thor se mettent bientôt en route. Pour elle, c'est trop tôt, et trop froid.

« Pas envie de me geler les orteils et les doigts. »

À 7 heures, « le vent s'est endormi » et Chantal s'ébroue. Derniers préparatifs. Chocolat et café, vitamine C, harnachée comme pour une opération commando, pantalon polaire, sous-pull Carline, combinaison Duvillard jaune poussin, gants de soie, moufles, cagoule en lapin, lunettes de glacier, thermos d'un demi-litre autour de la taille, ceinture de baudrier avec une sangle et un mousqueton, frontale dans la combi, talkie-walkie, appareil photo, surbottes en néoprène, crampons, piolet. Parée pour le sommet. Elle s'élance à 7 h 30, profitant de la trace de ses compagnons. Ses mains tremblent un moment, elle reconnaît avoir pris trop d'excitants.

Bientôt, elle aperçoit les deux hommes qui marchent au ralenti. Sans oxygène, elle se concentre sur sa respiration – méditation dans l'action. Elle monte sous l'immense, magnifique, terrifiant sérac du Bottleneck. Traversée délicate, mais tout va bien. Elle est émerveillée, enchantée, « je vis mon rêve tout éveillée », elle rattrape Alexei et le double. Au-dessus de la barre de séracs, dans une pente de neige et de glace, elle progresse lentement mais sûrement : 8 300, 8 400 mètres…

Dans son livre, elle écrira :

> « Thor me voyant arriver me lance un trépidant "We'll make it" qui vient éclater dans ma tête en une belle fête.
> Le soleil brille, les oiseaux chantent dans mon esprit débordant de joie ».

Elle lui propose de continuer ensemble mais Thor n'en peut plus. À bout de forces, il dort debout et sent ses pieds geler. Il redescend.

Chantal est entrée dans le champ d'attraction du sommet. Pourrait-elle encore renoncer, comme elle l'a fait à l'Everest ? Elle respire lentement, « concentrée sur le hara ». Et « par amour du beau », elle récite un poème tibétain : « À l'âge où j'étais petit poisson, je n'ai pas été pris. Comme grand poisson, malgré les nasses, personne ne m'a dompté. Aujourd'hui, je vagabonde dans l'océan immense. »

Elle prend pied sur l'arête sommitale, ramasse quelques cailloux et les fourre dans sa poche.

« Je palpe ainsi subrepticement la réalité du moment. »

Chantal enfonce dans la neige jusqu'aux genoux et se sent gagnée par l'épuisement. Elle croit sentir dans l'air une odeur de gâteau à la noix de coco. Elle n'a rien mangé et rien bu depuis qu'elle a quitté la tente. Elle suce de la neige, se voit mangeant des pâtisseries. Sa solitude l'effraie un peu. Elle allume son talkie et entend la voix de Nacho Orviz, l'ami espagnol qui la capte sur sa fréquence depuis la montagne voisine, le Broad Peak.

« Ils m'encouragent, c'est magique, ça m'aide ! »

Plus tard, elle reviendra sur l'hypersensibilité que provoque la très haute altitude et sur l'importance de cette voix chaleureuse entendue près du sommet du K2.

« La moindre parole devient très forte et je n'oublierai jamais, alors que j'étais partie seule en tête, les encouragements au talkie-walkie de mes compagnons espagnols. C'est eux qui m'ont permis d'aller au bout... »

Le sommet est désormais tout proche.

« Alentour, je perçois une présence, je suis comme enveloppée de spiritualité. Je m'assieds sur les talons et remercie Dieu. »

Elle appelle de nouveau Nacho d'une voix agitée, indécise :

> « Je suis à cent mètres du sommet. Comment voyez-vous
> le temps ? Je ne sais pas… »

Les Espagnols l'encouragent de nouveau : « Animo Chantal, el tiempo es bueno, vamos arriba, arriba, venga ! » Courage Chantal, le temps est beau, vas-y, va en haut, allez !

À l'annonce de sa mort en 1998, les Espagnols téléphoneront à son père : « Ils tenaient à me dire combien l'avoir rencontrée avait été merveilleux. »

Chantal Mauduit reprend le récit de cet instant extraordinaire dans *J'habite au paradis* :

> « L'ambiance est glaciale, encore quelques pas, c'est fini,
> je suis au sommet du Chogori, en haut de ce diamant
> géant. Là, seule, j'embrasse l'horizon de mes yeux éblouis
> d'infini. »

Il est 17 heures, ce 3 août 1992. Le soleil va bientôt basculer derrière l'horizon. Chantal Mauduit dédiera ce sommet à son ami Adrian, un Mexicain qui voulait l'épouser et va bientôt trouver la mort dans une avalanche.

*

Il faut maintenant fuir vers le bas, se sauver. La nuit va envelopper le K2. Elle entame la descente, croise « l'inépuisable Alexei ». Un peu plus tard, elle se retourne :

> « Je vois sa silhouette massive se profiler sur l'arête som-
> mitale, sur le ciel empourpré de rose. Que c'est beau ! »

La nuit la surprend à 8 400 mètres. Elle s'installe pour un bivouac glacial dans un trou de neige. Elle parle à ses orteils pour les empêcher de geler – un exercice de sophrologie.

« Ne pas dormir surtout ! »

Au milieu de la nuit, elle entend la voix d'Alexei, qui redescend du sommet : « Il faut redescendre, tu ne dois pas bivouaquer si haut ! »

La descente de nuit lui fait peur, elle le reconnaît dans son carnet d'expé. Le vent est glacial, elle ne sent plus ses pieds, ses doigts, les secoue pour qu'ils ne lui échappent pas.

Elle se comparera plus tard à une plongeuse sous-marine ayant visé trop loin, trop bas, là où l'air est tout aussi irrespirable et la survie impossible. Alexei perd un crampon, glisse, se tord le genou, bricole ses crampons dans la nuit.

Le soleil réapparaît au Bottleneck. La tente est désormais proche. Elle y plonge crampons aux pieds.

> « Arrivée ! Je fais fondre de la neige, j'ai les yeux brûlés par le vent et la neige. Thor arrive mais il est flou. Mes pieds sont froids, duvet, je m'endors. »

Chantal n'a pas dormi depuis vingt-quatre heures. Épuisée, à moitié aveugle, elle sent cependant qu'il faut fuir encore vers le bas. Elle engloutit un paquet de biscuits au chocolat, avale du thé bouillant et entame la suite de la descente avec Thor aux orteils gelés et Alexei au genou brinquebalant. Elle titube, ses yeux sont douloureux. Le temps s'est dégradé de nouveau.

> « Pente fuyante, avalanches, je ne vois pas grand-chose, l'impression de plonger dans des trous béants, on descend de 10 mètres en 10 mètres. »

*

Quand Thor n'a pas vu revenir Chantal et Alexei à la nuit tombée, il a alerté le camp de base. Deux Américains, Ed Viesturs et Scott Fisher[20], montent à leur rencontre. Elle les rencontre le 5 août au-dessus du Camp 3, à 7 300.

> « Qu'il est bon de voir des êtres en pleine forme. Au camp de base, écoutant les palabres d'Alexei à la radio, ils m'imaginaient tous : aveugle, pieds et mains entièrement gelés... J'en informe doigts et orteils qui en frémissent de peur rétrospective. Enfin c'est signe qu'ils vivent bel et bien. »

Ed Viesturs lui verse des gouttes dans les yeux. Elle dîne de pâtes à la tomate, dort, reprend la descente. Faim, soif, épuisement, yeux douloureux. Le 6 août, enfin, elle est de retour au camp de base avec Thor.

> « Les derniers pas sont les vestiges de nos élans. »

Elle est affamée, assommée de fatigue. Des Russes prennent soin d'elle, la nourrissent de poisson séché, lui font boire de la soupe, lui posent des feuilles de thé sur les yeux, lui offrent un petit-déjeuner à base de vodka et de confiture. Elle trouve la force d'écrire, sans presque rien y voir :

> « Je suis la seconde femme à gravir et redescendre vivante le K2 après Wanda Rutkiewicz. »

Un médecin belge la soigne, elle reprend des forces.

> « Je veux dire au revoir à Ed, grand et bel Américain gentil. » Elle passe la nuit dans ses bras sans se douter que le bel Ed est tout sauf gentil.

---

20. Scott Fisher est mort au sommet Sud de l'Everest le 10 mai 1996 : une fin tragique racontée par Jon Krakauer dans *Into thin air* (*Tragédie à l'Everest*, Guérin, 1997).

*

Dans un livre[21] publié en 2006, l'Américain donnera une version sensiblement différente de la descente de Chantal Mauduit. Ed Viesturs racontera une véritable opération de sauvetage qui commence au moment où la Française s'installe pour un bivouac glacial sous le sommet, à 8 400. « Soudain, vers 10 heures du soir, la radio se met à hurler. J'attrape le talkie, la voix est d'abord celle de Thor Kieser, qui est au camp 4. "Les mecs, Chantal et Alexei ne sont pas redescendus ! Je ne sais pas où ils sont." »

Viesturs affirme que Scott Fisher et lui renoncent alors à leur propre tentative de sommet pour « organiser des opérations de secours. » Il affirme que l'« alpiniste française très ambitieuse » est restée illégalement au K2, sans permis d'ascension après le départ de ses compagnons suisses[22]. « Puis elle s'est greffée à notre groupe ». Viesturs estime que Thor, Alexei et Chantal sont partis trop tard le matin du sommet : « Ils ont cherché les ennuis et les ont bien trouvés. » Ils ont été « ridicules » de poursuivre leur tentative aussi tardivement ; Mauduit a eu peur de descendre de nuit, n'a dû son salut qu'à sa rencontre fortuite avec Alexei. Si elle a souffert d'ophtalmie, c'est parce qu'elle a ôté son masque trop longtemps. Thor, lui-même épuisé, aurait pris tous les risques pour sauver Chantal dans la descente. « Quand Thor nous a appelés à l'aide, nous avons pris la décision qui s'imposait : aller les secourir. »

En montant vers le camp 3, Viesturs et Fischer sont pris dans une avalanche. Fischer manque de mourir mais s'en sort.

---

21. *No Shortcuts to the Top*. Avec David Roberts. Broadway Books, 2006.
22. Le procédé rappelle étrangement la délation dont avait souffert Lydia Bradey quatre ans plus tôt à l'Everest : une vengeance d'un amoureux éconduit, Rob Hall, disparu à l'Everest le même jour que son concurrent Scott Fisher.

Ils retrouvent les naufragés d'altitude, allongent Chantal sur le dos, lui versent des gouttes médicamenteuses dans les yeux. Viesturs décrit une Chantal épuisée, tenant à peine debout… qui, une fois au camp de base, se remet en une nuit et va « trinquer et boire sous la tente des Russes » sans même inviter ses sauveurs américains.

Viesturs raconte Chantal débarquant dans sa tente pour coucher avec lui : « Whaouh, quelle bonne femme ! » Au petit-déjeuner, Fischer lui demande : « Alors, gros seins ou petits seins ? » Il ne sait quoi répondre : « avec toutes les couches de vêtements, c'est dur de se rendre compte. »

Pour finir, Viesturs accuse : « Chantal ne nous a jamais remerciés. À la place, elle n'arrêtait pas de se vanter : "On l'a fait ! On a fait le sommet ! Je suis tellement contente !" » Il termine sur une explication personnelle : « Je sais que cela aurait fait très mauvais effet pour son image de reconnaître qu'elle avait dû être secourue. »

Dans son livre *Tragédie à l'Everest,* Jon Krakauer cite au contraire Chantal Mauduit remerciant ses sauveurs de 1992 et rendant un vibrant hommage à Scott Fischer, décédé en 1996.

Que s'est-il réellement passé lors de cette descente du K2 en mode survie ? Le récit de Chantal Mauduit est-il lui-même flou, voire à demi-aveugle ? Les affirmations d'Ed Viesturs sont-elles la vengeance d'un amoureux déçu ? Une dernière salve après les accusations d'incompétence (vite démenties) qu'il a lancées lors de la mort de Chantal ?

Nous aurions aimé tirer l'affaire au clair avec Ed Viesturs. Il n'a jamais répondu à nos demandes d'entretien.

Le livre de Viesturs a été publié en 2006. Le guide Michel Pellé ne doute pas que ces accusations publiques auraient plongé

Chantal dans une profonde tristesse. Lui qui la trouvait « un peu perchée » avait pu l'apprécier au Népal : « Elle ne voyait le mal nulle part, ne disait du mal de personne. Mais si elle apprenait que quelqu'un avait pu médire d'elle, ça l'affectait beaucoup. Elle est partie jeune : en un sens, tant mieux pour elle… Elle aurait fini par prendre beaucoup de coups et n'était pas armée pour ça. »

Du K2, Chantal a préféré évoquer la dimension spirituelle, décrivant à son père et à son ami Dominique Fassetta les émotions ressenties lors de la descente et la présence, si fortement éprouvée, de sa mère. Fassetta : « Elle parlait souvent de sa mère. Quand elle est rentrée du K2, elle m'a dit que dans les dernières centaines de mètres de dénivelé, le fantôme agréable de sa mère la poussait. »

Son père se souvient avoir entendu sa fille dire que c'est en descendant du K2 qu'elle a dépassé son deuil…

Chapitre VIII

NÉPAL

« Grimper avec un Sherpa
représente pour moi la cordée idéale »

Chantal s'envole vers la France heureuse, comblée. Elle fête son premier 8 000 au champagne dans l'avion du retour.

> « Quand nous atterrîmes à Paris, j'étais ivre, ivre des bulles de champagne, ivre de mon premier sommet himalayen, ivre de liberté, de la vraie liberté et tout tanguait, tout dansait devant moi, autour de moi, dans ma tête noyée de fêtes et de faîtes. »

Elle est soulagée aussi. Elle a détesté son séjour dans les villes du Pakistan. Son livre décrit la misogynie, la bêtise de ces hommes qui vont l'agresser jusque dans sa chambre d'hôtel. Dans le premier chapitre de *J'habite au Paradis*, « Les Centaures », elle écrit :

> « Avertissement : ce qui va suivre n'est pas dirigé contre les Pakistanais, mais juste le reflet de ma naïveté. Je n'éprouve aucun racisme sauf envers l'intolérance et le non-respect d'autrui. Probablement ai-je de mon côté été non respectueuse de leur tradition, du fait de ma soif de découverte et de la grande confiance que j'accorde à tout être dès que je le rencontre. »

Elle retrace trois soirées très désagréables au cours desquelles des hommes ont eu des comportements pour le moins déplacés, l'un de ses interlocuteurs lui demandant si elle veut bien embrasser son ami : « Do you want to give a nice kiss to my friend ? » Le patron de l'hôtel en personne vient frapper à sa porte et propose qu'elle couche avec lui. Qu'elle accepte donc, il est jeune ! « Do you want to sleep with me ? I'm young ! »

À son retour en ville, à Skardu, un haut-fonctionnaire l'accuse d'avoir « baisé avec tous les hommes des environs », Pakistanais ou grimpeurs étrangers.

À Islamabad, un officiel corrompu lui réclame 3 000 dollars d'amende pour Dieu sait quoi.

> « Je redescendis du K2, la tête encore dans les nuages, et je pataugeais dans la merde et ses éclaboussures. J'avais beau aimer la richesse des contrastes, le 17 août à Skardu, je griffonnais dans mon carnet : « Choc du retour : réalité musulmane ; Pakistan : putain de pays de cons de muslims… PARTIR DE CE PAYS VITE !!! »

Le sentiment d'étouffer est d'autant plus oppressant qu'elle a trouvé le pays de son cœur.

*

Une saison passe et la revoici au Népal. Le 24 mars 1993, elle fête son anniversaire à Namche Bazar, à 3 500 mètres d'altitude.

> « Le soleil a daigné revenir aujourd'hui pour illuminer cette journée de mes 29 ans. La cascade de glace juste en face me nargue ou plutôt me propose un futur voyage. Chanceuse Chantal, ouvre les yeux, regarde, apprends le

Népal, le Khumbu. Je suis HAPPY qu'un jour on m'ait offert la vie ! Merci à la vie, merci à mon étoile, merci à Dieu, merci au monde d'exister, merci de nous offrir la merveille du monde à découvrir, approcher, toucher, savourer le paradis blanc, himalayen. »

Chantal Mauduit a trouvé son paradis terrestre, ce pays dont elle fait rimer le nom avec son prénom. Népal, Chantal, Himal. Elle y revient trois fois par an, y retrouve son plus précieux compagnon de cordée, Ang Tsering. Elle apprend le népali, se délecte de la cuisine.

Elle fait la fête au Khumbu Lodge.

« Anu, Ang Lhamu, Maya, Dorje, Lakpa, Kanchi, des amis aux prénoms devenus des branches de mon arbre généalogique de vagabond-grimpeur. »

Elle déguste des montagnes de momos, des raviolis cuits à la vapeur, arrosés de tchang, la bière traditionnelle à base d'orge, de millet, d'avoine, de blé noir ou de riz. Elle reste des jours entiers dans des familles, des vidéos la montrent jouant avec les enfants, leur parlant en népalais. Elle aligne les listes de mots dans ses carnets d'expé :

« *Astéya :* ne pas voler, ne pas prendre, ne pas convoiter ;
Sarva : tout ; *Ratna :* joyau, pierre précieuse. »

« Elle se glissait dans la mentalité népalaise », résume son amie Frédérique Delrieu. « Elle prenait le meilleur de tout, tout le temps ».

Pour l'y avoir croisée plus d'une fois, notamment à l'hôtel Tushita de Katmandou, Michel Pellé peut affirmer que « sa vie, à partir de cette époque, était au Népal. »

Elle aime ses habitants. Leur sourire, leur gentillesse, leur religion, leur hospitalité. Elle aime les sherpas de la vallée du

Khumbu, de Namche, de Thame, aux cheveux noirs, aux têtes rondes et aux yeux bridés :

> « Sourires, turquoises, coraux, momos, thé au beurre, pujas, drapeaux à prière, monastères, altitude, complicité, amitié. Sherpas, Ang Tsering, Ang Maya, Ang Lhamu, Dorje, Nima, Pasang, Phurba, Sonam, Lakpa, Dawa, Pemba, Kanchi : des noms, des visages, des histoires. »

Parmi eux, Ang Tsering prend déjà une place à part qu'il occupera jusqu'au bout, jusqu'au tout dernier jour.

> « Mon compagnon des hauteurs a l'éclat de rire clair comme les nuits de grand froid, le cœur à l'image de Bouddha, la force des Dieux. Sa maison est à Thame, là-haut, si haut que presque personne n'y monte. Un hiver, l'avalanche l'a balayée. Alors il a fallu la reconstruire, c'est ainsi. En ces villages d'Himalaya, la Nature est seule maîtresse. »

Elle raconte la famille d'Ang Tsering, ses quatre enfants. Un soir chez lui, assis sur des tapis tibétains, ils boivent du thé au beurre. Les bouses de yak brûlent dans l'âtre. Son fils Dawa s'applique à écrire sur son cahier d'écolier. Il va à la gompa, le monastère, pour étudier. Elle décrit le regard de Tsering, le père, qui s'éclaire :

> « Ses yeux suivaient les doigts du petit. »

Tsering lui confie n'être jamais allé à l'école.

> « Heureux, il observait son enfant. Il semblait tracer son bel avenir en quelques lettres. »

Elle ne supporte pas l'arrogance dont certains alpinistes feraient encore preuve à l'égard des Sherpas. À ses yeux, grimper avec un Népalais, avec Tsering en particulier, devient une évidence. Une nécessité.

« Au Népal, gravir ou tenter de gravir un sommet avec un
Sherpa représente pour moi la cordée idéale. Grimper en
compagnie d'un Népalais équivaut à voyager avec l'âme
du pays. Ces cimes enneigées font partie de leur cœur, de
leur culture. Ne sont-elles pas les demeures des Dieux ? »

En 1997, elle s'attaquera une première fois au Dhaulagiri, seule
avec lui. Réfugiés dans leur tente à 7 200 mètres, ils sirotent du
thé bouillant. Le froid les glace.

« Au crépuscule, Tsering entonna des mantras
bouddhistes. »

Puis il allume le réchaud et dépose des graines bénies qui
crépitent bientôt dans les flammes. « Bon signe », lui assure-t-il.
De nuit, ils partent vers le haut, enfoncent dans la neige jusqu'au
ventre, se relayant en silence pour faire la trace, ne progressant
presque pas malgré les efforts fournis.

« Petits êtres perdus dans l'immensité. Complices d'altitude nous comprîmes que le sommet n'était qu'un rêve
sans lendemain. Une pente surchargée de neige nous
attendait à la descente. »

Ils renoncent, l'avalanche retient son souffle. Chantal s'interroge :

« La puja de la veille, ses prières, nous auraient-elles
protégés ? Plus bas, au camp de base nos drapeaux à
prières flottaient au vent himalayen ; blanc, bleu, rouge,
vert, jaune frémissant au cœur d'un monde minéral. »

Le voyage s'achève, Tsering vient la saluer.

« Le visage fendu d'un sourire, il m'entoura le cou d'un
kata. Par ce geste, il me souhaitait bon retour en mon
pays. L'amitié passe par le cœur, les cimes et les symboles.
Phéri bétaoula (à bientôt). »

Toujours, ses expéditions la ramènent au Népal. Elle décrit dans ses carnets les paysages, les pommiers brisés par la neige, les champs de la fin de l'été :

> « Pompons roses, bulbes bleus, étoiles orange, festival de couleurs, d'odeurs, de splendeur, semblable à l'œuvre d'un magicien japonais... »

Elle est curieuse de tout : les habitants, les rites religieux, la nourriture... Dessine des masques et des visages, des figures. Déclame son amour pour le pays lors des conférences qu'elle anime. Son frère, François : « L'écouter raconter le Népal était passionnant. Elle n'en parlait jamais pour se vanter, pour narrer ses exploits, juste pour le plaisir de partager. Elle disait que deux choses seulement lui manquaient là-haut, la couleur verte et les légumes... »

Le 23 octobre 1997, elle séjourne dans un hôtel de Kagbeni, au pied du versant nord du Dhaulagiri. Un vieil homme de 83 ans la questionne : pourquoi donc va-t-elle en montagne où il fait si froid ? Elle répond : « Parce qu'il y a Bouddha ! » Il n'ajoute rien. Elle observe une vieille femme qui boit du thé :

> « Son visage qui avait dû être fin et délicat n'était plus que rides. Quelle rude vie signaient tous ces sillons ? Après quelles moussons, quelle récolte, quel enfantement apparut tel ou tel trait sur son front, sur le contour de ses yeux, de sa bouche, jusqu'à envahir tout son portrait ? »

Elle veut rester lucide :

> « Non, mademoiselle l'himalayiste, le Népal n'est pas qu'un pays de rêve. Pays des prières volantes, pays du sourire ? Même en pleine mousson le sourire des Népalais se reflète dans l'eau trouble des flaques d'eau ».

À Katmandou, des militaires la prennent en chasse tandis qu'elle circule sur son petit vélo à 17 heures, après le couvre-feu. Ils sifflent, lui ordonnent de s'arrêter, elle accélère.

« Instinctivement, mon vélo s'enfuit dans le dédale de venelles dont ses roues connaissaient le moindre trou. J'arrivai au Greeting Palace en nage, le cœur battant la chamade. »

Une manifestation à New Road avait causé la mort d'une dizaine de personnes dans l'après-midi…

*

Au nord de ce petit pays dont elle tombe follement amoureuse se tient un grand voisin opprimé par la Chine : le Tibet, pour lequel elle prend fait et cause. Elle a découvert « l'indicible douleur d'un peuple en exil, déchiré par l'outrage d'un génocide sous le regard d'un monde placide. » Lorsque la Fédération française de la montagne et de l'alpinisme organise en 1997 une expédition franco-chinoise à l'Everest et lui propose de s'y joindre, elle refuse vertement de participer à ce qu'elle tient pour une opération politique et renvoie sa carte de membre de la FFMA.

En Inde, en février 1997, elle rencontre des réfugiés tibétains. Un vieil homme pleure, elle le salue en joignant les mains. Elle s'apprête à rencontrer le dalaï-lama à Dharamsala. Dans son livre, *J'habite au Paradis,* elle retranscrit sur trois pages le témoignage de cet homme, Thupten Tsering, 71 ans, un moine bouddhiste tibétain originaire de Lhassa, en lui donnant la parole : « J'ai été incarcéré de 1966 à 1973 dans les prisons chinoises du Tibet pour avoir manifesté pacifiquement dans les rues de Lhassa.

Je réclamais juste à voix haute l'indépendance de mon pays. J'ai été arrêté, torturé puis condamné aux travaux forcés, à casser des pierres. » Le vieil homme poursuit, explique comment, en 1978, les Chinois l'ont obligé à torturer ses frères tibétains prisonniers, des moines surtout, si brutalement qu'ils resteront infirmes à vie.

Il l'exhorte à venir au Tibet : « Ne croyez pas ce que les Chinois vous montreront, ce ne sera que théâtre créé pour vous cacher leurs exactions. Ils vous présenteront un Tibet apparemment paisible et heureux. Allez, regardez dans chaque recoin avec une réelle acuité ; et là vous verrez, vous comprendrez la réalité, le génocide que nous subissons. » Pour ce vieil homme au crâne rasé, pour ce moine au visage ridé, au corps torturé, elle lance un appel à son retour en France. Elle décrit l'horreur de la répression, de la torture, de l'humiliation « au pays des neiges éternelles, au pays du yéti, des monastères bouddhistes, du thé au beurre de yak, au pays des chamanes, des danses masquées, au pays des prières volantes, au pays de Milarépa : le Tibet, son Tibet, leur Tibet. »

*

Elle est à Chamonix, où d'autres qu'elle s'apprêtent à participer à l'expé franco-chinoise.

> « L'Everest, toit du monde où l'air est pur, où l'Homme se
> devrait de l'être aussi, cet Everest-là risque de perdre de
> son éclat. Cette terre promise aux himalayistes, cette terre
> de rêve d'enfant serait transformée en un lieu d'alliance
> de la France et de la Chine par une poignée de mains
> d'alpinistes chinois et français en son sommet. En ces
> hauts lieux où tout n'est que beauté, cette symbolique

n'est pas tolérable. Les alpinistes ne peuvent toiser du haut de cette montagne ce peuple qui souffre, ce peuple qui se meurt, ce peuple qui subit encore actuellement le génocide chinois. »

Elle lance un appel, vibrant, sincère, mais que certains jugeront emphatique :

« Alpinistes, ne bafouons pas les Droits de l'Homme ! Alpinistes, ne soyons pas les marionnettes du mal. Les marionnettes n'ont de place que dans les théâtres pour enfants où justice et paix finissent toujours par l'emporter. Alpinistes, soyons des acteurs des Droits de l'Homme, des droits des Tibétains en l'occurrence. Si la montagne peut porter un message qu'il soit à son image, lumineux, porteur d'espoir et de paix, paix dont le dalaï-lama (Prix Nobel de la Paix en 1989) est le porte-parole, de la paix qui devrait souffler depuis longtemps sur le Tibet. Et que le vent de sagesse himalayen ramène l'homme à l'homme. »

« La naïveté a une habileté qui lui est propre et qui est justement faite de son insouciance », écrivait Cesare Pavese.

*

En 1997, son périple indien la conduira d'abord à Delhi :

« Un éléphant déambule nonchalamment, en silence parmi klaxons et gratte-ciel, un serpent se dresse charmé par une flûte. La poussière et la ville. »

En route pour rencontrer le dalaï-lama, elle échange avec des victimes de la répression chinoise :

« Ce jeune, il parle, il mime, il détaille les coups de bâton, les coups de crosse, l'électricité sur sa chair, l'humiliation nu face à une nonne nue, l'humiliation de tuer des insectes alors qu'il croit en la réincarnation, il montre ses dents cassées qui ont raclé le sol rocailleux... »

Puis la voilà face au dalaï-lama, cet « océan de sagesse ».

« Je suis sur la plage au soleil, la mer est calme, le ciel est bleu, un esprit, un visage se reflète devant moi. La marée est douce. Du monde il ne parle qu'avec optimisme, sans lyrisme, simplement. »

La rencontre a été calée depuis Paris, grâce à une connaissance de son agent Mick Régnier. Deux moines viennent d'être assassinés à Dharamsala, l'ambiance y est très tendue. Le rendez-vous va durer quinze minutes, « son discours à lui était sympathique mais très formaté », se souvient Mick Régnier. Un film la montre souriante comme jamais, réalisant enfin son rêve. Juste avant, elle a croisé des singes, perchés en haut des résineux, a assisté à la cérémonie du Losar, le nouvel an tibétain : chants, danse des enfants, psalmodies, musique, une foule considérable, discours du dalaï-lama, coups de gong sur le toit du temple d'où elle prend des photographies. Puis vient le moment de la rencontre. Il lui dit : « Je pense que la spiritualité est faite de générosité, d'attention aux autres, souci de la communauté, nous sommes tous une part de l'humanité, nous sommes une seule humanité. » Elle lui montre des photos, lui donne un drapeau tibétain qu'elle veut brandir au sommet d'une très haute montagne : « Vous pensez que ça pourrait servir votre cause ? » Il répond que *oui* et le signe au marqueur noir. Ils se quittent, il la remercie : « Thank you for your good heart. » Merci pour votre bonté de cœur. La scène est filmée, elle devait figurer dans un documentaire qui ne sera jamais diffusé, faute de financement.

De cette rencontre, l'écrivain André Velter, amour de Chantal dans les deux dernières années de sa vie, estime qu'elle n'a pas été « décisive, au sens où elle n'a pas bouleversé sa vie mais elle en a été très heureuse et renforcée dans ses convictions. Elle n'a pas eu le temps d'avoir avec lui une conversation très profonde, ce fut plutôt un échange d'amabilités mais l'ambiance lui a beaucoup plu et Chantal en est revenue profondément heureuse. Et ravie que son engagement pro-tibétain soit davantage médiatisé, qu'il devienne un fait et serve mieux encore la cause. »

Elle ne se convertira pourtant jamais au bouddhisme, demeurant profondément chrétienne mais picorant dans cette spiritualité une certaine relation à la nature, aux animaux, aux paysages, à la végétation ; se plongeant dans la méditation ; estimant les montagnes « vivantes, elles ne sont pas que des tas de cailloux, elles ont une âme, elles ne sont pas que minérales. » Elle cite Milarépa, poète tibétain du XIᵉ siècle, un sage dont elle s'estime bien loin « mais en grimpant, je trouve de la sagesse. Quand on pousse le corps à fond, on s'en échappe, comme si on se désincarnait, touchant à l'essence même des choses. »

Frédérique Delrieu, qui a beaucoup travaillé et séjourné dans ces régions, affirme que Chantal avait adopté une attitude très bouddhiste, « dans cette manière de laisser glisser les choses et de rire beaucoup de tout, qui peut définir au moins les habitants de l'Himalaya. Un « maître spirituel » aurait pu dire d'elle qu'elle faisait partie de ceux qui sont sur la voie de l'éveil et qui ne pourront jamais faire demi-tour. Elle avait en elle les fondations et l'étoffe d'un être éveillé. Profondeur, humilité et compassion réelle. La colère était un sentiment qu'elle connaissait peu, juger ne lui traversait jamais l'esprit, elle était davantage occupée à vivre, à s'instruire et à comprendre. Ses coups de gueule n'existaient que face à l'injustice, et elle essayait d'agir. Elle avait aussi cette capacité à ne pas se laisser engloutir par les émotions. Elle possédait cette qualité que les bouddhistes appellent « la joie sympathique », qui consiste à se sentir heureux de voir d'autres l'être. Elle était réellement ainsi, rapportant chaque jour tous ces petits détails observés ou vécus qui font la vie belle et essayant chaque jour de semer ce genre de graines. » Tout en débordant de joie de vivre. Tout en dansant sur les tables, en riant à gorge déployée, à faire des farces, à ne pas tenir l'alcool et être saoule dès le deuxième verre ; à festoyer au camp de base de l'Everest au cours d'une « soirée destroy », champagne, biscuits trempés dans le whisky, alors que la veille, perdue dans la tempête, elle luttait, frappait, tapait, claquait ses jambes et ses pieds à coups de poing et de piolet… Un jour, une copine de son frère François qui rentre de l'Everest lui lance : « Au fait, j'ai rencontré la "GO" du camp de base, c'est ta sœur ! »

*

À la fin de l'été 1993, la « gentille organisatrice », la jolie clown, redevient alpiniste d'exception. Elle marche vers la face sud du Shisha Pangma (8 046 mètres) avec Oscar Cadiach, le Catalan aux treize 8 000 (seul manque à son palmarès le Broad Peak) et Manel de la Matta, qui mourra en 2004 au K2. Elle a proposé à Frédérique Delrieu de l'accompagner dans cette face immense, haute de près de 2 kilomètres. Son amie a hésité puis refusé.

« Je ne m'en sentais pas capable. Elle ne m'a pas traitée de mauviette ! C'était aussi une de ses grandes qualités, ne jamais juger les autres, ne rien dire de désagréable. À l'inverse, elle m'a toujours laissé la possibilité de venir quand je le souhaitais. Elle ne m'a jamais dit : "Écoute, ce n'est pas pour toi !", ce qui est très rare dans la vie et plus encore dans le monde de la haute montagne. D'autres personnes sont beaucoup plus difficiles à vivre. »

Situé au Tibet, le Shisha Pangma est le moins haut des 8 000 mètres. Elle a embarqué un drapeau à l'effigie de Bob Marley. Ils remontent un vaste glacier sauvage.

> «... Un véritable labyrinthe rocheux et glaciaire...
> Quelques heures titubantes de marche, quelques jours
> envolés, puis un matin, nos yeux écarquillés de plaisir
> et d'aube endormie contemplent la belle face sud du
> Shisha Pangma. »

Elle décrit septembre s'éteignant, le temps est beau, le ciel « de bon augure » tout comme son amie « Pournima », pleine lune népalaise.

> « Je chemine vers le matin multicolore, vers la réalité
> d'un rêve, vers une aventure himalayenne ».

Les voici dans la face. Ils grimpent en style alpin via la voie britannique. Elle raconte trois nuits sous une petite toile jaune figée par le froid nocturne, de longues journées à progresser.

Le 4 octobre, ils parviennent au sommet sous un soleil radieux. Elle pose avec ses deux compagnons, brandissant le canard jaune en peluche que lui a offert Anne.

> « Instant de bonheur partagé, instant de fatigue oubliée,
> instant d'efforts récompensés (probablement la première
> fois qu'un canard atteint un 8 000 !). »

Tandis que leurs yeux exultent, leurs corps se dessèchent, ils n'ont rien à boire, plus de gaz pour faire fondre la neige. Elle est encore sujette à des hallucinations olfactives à la descente, croit sentir de la noix de coco, hallucination qui s'estompera avec la première gorgée d'eau.

*

De retour à Katmandou, elle enchaîne avec son troisième 8 000, le Cho Oyu. Elle est bien acclimatée, passe le Nangpa La, le col sauvage qu'empruntent beaucoup de réfugiés tibétains. Elle se dit enchantée par la chaude musique des voix des yakmen accompagnant leurs troupeaux, ces hommes « aux visages bruns taillés par le vent ». D'abord glacial, le vent d'automne s'endort un moment lui permettant d'atteindre le sommet (8 201 mètres) le 31 octobre. Et de trois 8 000 !

Chapitre IX

VIVRE, ÉCRIRE
« Le roman est là, je le sais,
je le sens, je le vis. »

Le carnet 25 s'intitule : « Voir la Terre à l'envers ». À Ushuaïa, Chantal Mauduit embarque à bord du *Pelagic,* un voilier de 16,50 mètres en compagnie de quatre Anglais, d'un Américain, de deux Israéliens et du réalisateur français Denis Ducroz. En janvier 1994, elle largue les amarres.

> « Aujourd'hui on laisse la terre aux terriens, on part en mer pour devenir marins. »

Une chance, elle ne craint pas le mal de mer. La voici bientôt qui, pour sa première sortie, prend la barre au large du Cap Horn...

– On va dormir, prends la barre ! lui ont lancé les deux skippers.

– Mais j'ai jamais fait ça !

– Tant mieux, comme ça tu ne feras pas d'erreur. »

Elle reprend dans son carnet les mots du poète tibétain sur le petit poisson libre, qui « vagabonde dans l'océan immense ».

> « Ces mots, je me les récitais en haute altitude en hauts lieux himalayens, au K2 ; aujourd'hui je les vis encore plus profondément. Un œil fixé sur le compas, l'autre coincé entre la ligne d'horizon marin et la bôme, scrutant

le lointain illettré de relief, un troisième œil averti derrière moi, celui du skipper, surveillant cette novice que je suis… »

Au Cap Horn, première gorgée de champagne.

« Naviguer dans les mers déchaînées du Pacifique, quelle étrange destinée ! Si on ne voit le monde que de chez soi, l'horizon est tellement restreint… »

Elle grimpe en tête de mât et reste perchée sur les barres de flèche pour admirer la vue avant d'attaquer l'ascension d'un iceberg en crampons et piolets près de l'île de Cuverville.

« Pas grand-chose, juste quelques dizaines de mètres. »

Elle fait la maligne sur le moment mais reconnaîtra plus tard sa terreur que l'iceberg craque, ou se retourne. Daniel Zanin, son ami sophrologue : « C'est techniquement facile mais mentalement… Si tu tombes dans l'eau, une quarantaine de mètres plus bas, tu y restes… » Elle gravit certains passages à 85°. Un film la montre crampons aux pieds et piolets en mains, progressant sur la structure de glace. On entend les baleines qui soufflent dans son dos.

Elle mange du haggis, parle aux cétacés.

« Perchée sur le mât, je bois du regard l'océan pavé de glace laissant çà et là quelque pic excentrique pointer sa cime vers le ciel. »

Elle contemple les manchots et les oiseaux, léopards et éléphants de mer. Cite Rimbaud : « Elle est retrouvée. / Quoi ? – L'Éternité, / C'est la mer allée / Avec le soleil. » Ils ont emporté de quoi manger et boire, la cale est gorgée de vins et de divers alcools indispensables à leur « happy hours » quotidiennes… Elle barre encore, enveloppée dans un ciré jaune, solidement accrochée au bateau par une sangle, elle est sans cesse submergée par des flots d'eau salée. Des vagues noires s'abattent sans répit sur le pont. Elle aime prendre son quart, quitter la douce chaleur de la couchette, remonter, tenter de suivre au mieux le cap. Des albatros aux ailes de géants les survolent. Voici bientôt Smith Island, recouverte d'un manteau glaciaire dominé par le mont Foster.

« J'exulte, l'horizon retrouve du relief si cher à mes yeux alpins. Nous entrons dans un univers fantomatique noir et blanc peuplé d'icebergs aux fleurs sous-marines semblables à des structures éphémères d'une autre ère. Une douce mélodie antarctique s'élève, les bulles millénaires enfermées dans la glace crépitent en rencontrant l'eau salée. »

Des pingouins bondissent autour du bateau. Ils naviguent cap plein sud, des phoques les regardent voguer, des skuas les survolent.

« La banquise nous arrête. Nous sautons sur la neige compacte, les jambes peuvent à nouveau courir. Une dizaine d'aigles s'envolent à mon approche et tournent en cercle autour de moi puis descendent en piqué pour chasser l'intruse que je suis. Je regagne le bateau où je suis gentiment menacée d'être mise aux fers, au pain sec et à l'eau, n'ayant pas obtempéré au sifflement de Skip… ! »

Un iceberg s'approchait dangereusement de *Pelagic*… Ils remontent vers le nord. Skis, piolets, cordes sortent enfin de la cale et sous un ciel bleu radieux, ils gravissent le mont Williams. Elle n'en revient pas d'être là, invitée par Denis Ducroz qui l'a conviée au dernier moment.

« L'instant est en suspens, l'enchantement nous gagne tous, baleines et humains. »

Ils font maintenant route vers l'Argentine, traversent le Drake Passage. Des dauphins les escortent. Ushuaïa est en vue.

« Je marche à nouveau sur le ponton, me revoilà terrienne ! »

*

Aux yeux du grand public, elle est encore une inconnue. Qui a vraiment entendu parler de cette jeune femme un peu bohème qui vient d'enchaîner deux 8 000 mètres sans oxygène, avec si peu de moyens financiers ? Elle n'est pas encore une « bonne cliente », comme le disent les journalistes pour qualifier les interlocuteurs bavards, jamais à court d'anecdotes parce que soucieux d'attirer la lumière. Or de la lumière médiatique, du moins à cet instant de sa vie, elle s'en moque éperdument et s'en préserve. Elle vit tranquillement à cheval entre ses deux paradis, l'Himalaya et les Alpes.

Elle s'est installée au milieu des champs de fleurs au Bettex, un hameau à deux pas de Chamonix. Elle loue une petite maison qu'elle paie avec ses remplacements de kiné. Un reportage tourné sur elle la montre au travail, en compagnie de jeunes patients cabossés par la maladie ou un accident. Elle masse la cheville de l'un d'entre eux, lui demande si gentiment : « Et ton fauteuil, il va bien ? Là, ça va ? Je ne te fais pas mal ? » Des enfants souffrent dans un bassin, calvaire du travail de rééducation. Elle est à leurs côtés, douce, prévenante, encourageante : « Allez, je suis sûre que tu peux aller plus vite ! » Elle leur conte l'histoire des baleines de l'Antarctique de 15 mètres de long, et du gars à bord du *Pelagic* qui jouait si bien de la clarinette qu'elles se sont approchées du bateau pour l'écouter. Toujours tournée vers les autres, elle correspond aussi avec un taulard, incarcéré, assure-t-il, suite à une erreur judicaire. Au bout de sept ans de prison, le détenu est relâché. Ne sachant où aller, il débarque à Chamonix pour y chercher du boulot mais n'ayant nulle part où dormir, il appelle Chantal, sa bonne étoile, qui accepte de l'héberger. Mais elle prend peur : elle n'a jamais rencontré son correspondant, elle vit seule, il va passer la nuit chez elle… Elle appelle Dominique Fassetta qui prend tout de suite la route depuis Chambéry et surgit une heure et demie plus tard, baguette de pain sous le bras, faux mari déposant sur sa joue le bisou du soir de retour du travail.

Au printemps 1994, elle recopie du Baudelaire (« Le Voyage ») dans l'un de ses carnets : « Mais les vrais voyageurs sont ceux-là seuls qui partent / Pour partir ; cœurs légers, semblables aux ballons, / De leur fatalité jamais ils ne s'écartent, / Et, sans savoir pourquoi, disent toujours : Allons ! »

L'alpinisme, dit-elle, apprend à prendre des décisions. En voici une : elle s'envole à nouveau pour le Népal. Allons ! Les carnets 27, 28 et 29, les deux premiers attachés l'un à l'autre par du ruban adhésif, narrent l'expé de l'automne 1994 au Manaslu, « sur la montagne sacrée ». Elle part avec trois Suisses dont André Georges, « le géant du Valais », l'homme aux neuf 8 000, compagnon de cordée de l'immense Erhard Loretan. Les Helvètes ne vont pas s'entendre entre eux, elle évoque l'« impressionnante animosité de bas étage dont ces trois êtres se sont enflé le cerveau… »

Elle monte seule, d'une traite et en neuf heures, du camp de base au camp 3. Sur un pont de neige, elle s'est surprise à faire le signe de croix. Elle se raconte, assise au camp 3, 6 800 mètres au-dessus de l'océan.

> « Je suis là, seule, il neigeote, l'arête sculptée parfois me salue entre quelques nuages intrigants. »

Elle lit Nerval, Christian Bobin (« La beauté vient de l'amour comme le jour vient du soleil ») et Boris Vian : « Perdre sa vie à la gagner ». Elle ajoute : « Je corrobore et ajoute : "Gagner sa vie sans se perdre" ». Elle cite encore Baudelaire : « Celui dont les pensées, comme des alouettes, / Vers les cieux le matin prennent un libre essor, / -Qui plane sur la vie, et comprend sans effort / Le langage des fleurs et des choses muettes ! » Le vent va-t-il l'emporter vers le sommet ?

> « Dans douze heures, à la frontale, sous les étoiles, je vais marcher vers l'arête, marcher vers le sommet et puis retourner ici, grisée. »

Le 11 octobre, elle monte jusqu'à 7 500 mètres mais le vent la stoppe, la ramène à la réalité. Demi-tour. « Trop légère », dit-elle.

> « Hier sur l'arête ventée, j'étais prostrée sur mon pio-let, comme un bateau rivé sur son ancre dans une mer déchaînée. La Montagne sacrée ne m'offrira pas son sommet cette année. »

*

Elle part dans la foulée se reposer en Thaïlande. Ça n'est pas si fréquent d'observer Chantal Mauduit en vacances. Elle s'offrira deux autres périples plus tard, au Maroc et en Californie. En attendant, elle atterrit à Bangkok le 1er novembre 1994. « Une nouvelle Asie pour moi ». Elle a 30 ans et philosophe sur le sens de sa vie :

> « Vie de contrastes que la mienne, vie enthousiasmante pour une vagabonde d'horizons, de monts en océans, de solitude en multitude, d'abstinence en opulence, d'univers

figés et mer enchantée, d'Himal glacial en eau tropicale, de moraines en plage de sable blanc… »

Elle ajoute que telle est sa religion, « de l'instant ici présent avec un Dieu en firmament. » La voici enfin les pieds au chaud dans le sable. 1994 avait débuté dans les eaux gelées de l'Antarctique, elle se termine dans celles turquoise et douces de la Thaïlande dans lesquelles elle plonge en bouteilles pour la première fois. La mer l'attire. Elle s'imagine fille de l'eau, envisage un « tournant probable » dans sa vie :

> « J'évolue vers les liquides, vodka et mers exotiques… Vagabond de haute mer, baladin de haute altitude, je suis hôte de la nature, sans armure, vibrant et tremblant devant ses parures ».

Elle se lance un pari à elle-même :

> « Un jour je partirai pour le tour du monde à la voile, seul Dieu sait quand et avec qui ? La leçon de sagesse des cimes est peut-être de prendre le grand large, à suivre… »

Elle n'en fera rien. Sa sœur, Anne : « Elle n'en a plus jamais parlé par la suite. » Elle écrit des heures durant, noircissant ses petits carnets. Elle se décrit à la mi-novembre 1994, allongée sur son lit, nue, le corps bronzé sous la moustiquaire, sous le toit de palme, sous quelques cocotiers, « sous le ciel constellé d'étoiles et auréolé par la pleine lune. » Mademoiselle rêve. Mademoiselle a des velléités d'écriture. Depuis le temps qu'elle recopie des poèmes et en compose, elle souhaite enfin passer à la phase suivante :

> « Écrire un livre pour me permettre de continuer à vivre de belles aventures ; Moitessier[23] a écrit pour ces raisons.

---

23. Bernard Moitessier (1925-1994), navigateur et écrivain français. Voir notamment *Tamata et l'alliance*, Guérin, 2002.

Lire ses mémoires m'a fait comprendre l'intérêt de publier un livre, je suis mûre pour me lancer dans cette épopée de mots qui, pour sûr, vont couler à flots ! »

Elle clame son amour de l'écriture, rappelle à sa voix intérieure, comme pour mieux se rassurer, qu'elle rédige depuis vingt ans des carnets d'expéditions et de voyage.

« Sous la main céleste qui m'aide à cheminer spirituellement, entre sourires népalais et agressions de Pakistanais, entre rires et pleurs, entre le stop et la voile, je peux tenter de faire rêver d'autres humains. La décision est prise, à suivre ! »

Elle pense déjà à un titre : « Montagnes d'horizons et de passions ». Le livre, son seul et unique livre, va mûrir pendant les deux années suivantes. Bientôt, il arrivera entre les mains de l'éditeur André Balland avec un nouveau titre, *Kaléidoscope*. Mick Régnier, l'agent de Chantal Mauduit, raconte que l'éditeur, qui ne possédait plus de maison d'édition, avait aimé le manuscrit et l'avait chaudement recommandé à Jean-Claude Lattès. « Il a dit : "J'accepte tout sauf le titre !" » Régnier propose *J'habite au paradis*. Le livre paraît en octobre 1997. Chantal est en expédition en Himalaya et ne peut assurer la promotion de son livre, qui ne se vend qu'à 3 000 exemplaires. Elle meurt six mois après. Aujourd'hui encore, il s'en veut d'avoir proposé pareil titre : « Quel con j'ai été ! »

Le livre est foutraque, inclassable, avec de belles envolées. C'est un petit ovni tombé au milieu des récits d'aventure et des classiques de montagne, une joyeuse introspection où Chantal Mauduit s'enivre de mots, de rimes et d'images, plonge dans ses carnets et ses souvenirs pour prendre la tangente à la première rencontre, à la première bourrasque. Elle jongle avec les mots comme avec des billes multicolores, qui parfois lui échappent. Sa vie d'aventurière est une expérience littéraire. Son écriture est une aventure.

Son père, qui avait relu le manuscrit au fur et à mesure de sa rédaction, dit que « d'accord, ce n'est pas toujours compréhensible » mais que le livre lui avait beaucoup plu. Il est dédié « à Bracadabra et aux Zanas », et ses premières lignes donnent le ton :

> « Bienvenue au pays kaléidoscopique des chemins multicouleurs, multi-éclats, multifacettes, multibonheurs. Sans avant, sans après, ni haut, ni bas, ni droite, ni gauche, sans flèche, sans stop, sans sens giratoire. Avec une girouette dans la tête qui tourne avec les vents. Point de cartes, de plans, aussi peu de boussole, juste l'eau, l'air, le feu et le vent qui attise les braises, et le froid qui fige l'eau, et le soleil qui l'évapore en nuages. »

L'un des premiers chapitres s'intitule « Potions magiques patagoniennes ». Sous la plume virevoltante de l'alpiniste baladeuse, les forêts de Terre de Feu sont Sherwood :

> « Une soupe fumante mijote dans un chaudron. Le druide local prétend être Robin des Bois, j'ai bien failli le croire. Nous habitons dans une forêt immense [où] le vent souffle si fort qu'il semble déferler sur les arbres comme les vagues de l'océan. »

Mais qui est ce druide nomade rencontré dans ce pays fantasmé ?

> « Ce Sieur du comté de Nottingham n'est autre que Doug Scott. Nous engloutissons sa soupe, cette soupe du bout du monde nous enveloppe de chaleur humaine, les rasades de whisky et de vino tinto brûlent nos pensées noircies de misérables nuits, de nuits d'insomnies, de nuits

sans abri, accrochées à quelques clous, accrochées sous
des étoiles, figées, accrochées au vide du dieu du feu, le
Fitz Roy. Alors que les dernières images se réduisent en
cendres, j'ajoute du champagne au festin nocturne. Je
vogue, les yeux écarquillés devant les flammes. »

Elle comprend ce qu'il y a de loufoque, de dérangé dans ces
destins d'alpinistes qui sont tous le sien, qu'elle épouse parfois un
instant pour mieux redécoller sur son orbite singulière.

« ... Tous ces fous d'alpinisme satellisés autour de la
terre, mis sur orbite par quelque base, sans réelle base,
sans base du réel, avec base d'irréel. »

Quelques pirouettes et la comète Mauduit redevient alpiniste
sous le ciel tourmenté de Patagonie.

« Ici, le maître du temps est le vent qui joue au chat et
à la souris avec les grimpeurs. Quand il se tapit, toutes
les souris s'agitent, empaquettent, s'emmitouflent et
trottinent jusqu'au Paso Superior pour s'abriter dans
la souricière du Fitz, petit trou de glace, belle grotte
de glace. Et les souris grignotent, et les souris rient, riz
au curry, maté et bonne nuit. Au cœur de cette nuit
froide, l'heure est à sortir des duvets, croquer des biscuits,
chausser les coques plastiques, enfiler le baudrier, fixer
les crampons, attacher le casque et partir à la lueur de
la frontale, sous les étoiles, l'œil encore endormi. Plus
tard, quelques longueurs plus loin, le soleil illumine la
plaine et sa mosaïque de lacs, bleus, verts, turquoise. »

Le dernier chapitre s'intitule « Écrire le souvenir avant qu'il
ne soit. » Urgence et intuition d'une vie brève ?

*

Lire est une tradition familiale, une obligation tacite, évidente chez les Mauduit, où l'on lit toujours avec gourmandise. Les deux grands-mères dévoraient Beauvoir et Proust. Renée, la mère de Chantal lisait à une allure « suffocante », sourit son père Bernard, admiratif : « Ma femme a dû relire deux ou trois fois tout Balzac. Elle adorait René Char, que j'ai fini par lire aussi plus tard, pour comprendre. Du coup, Chantal a toujours eu envie de lire. Elle lui demandait tout le temps : "Tu crois que je devrais lire quoi ?" » C'est ainsi qu'elle lit *Le Premier Cercle* de Soljenitsyne en dix jours, à l'âge de 11 ans. « Souvent, presque toujours même, elle préparait son sac la veille du départ. Elle commençait toujours par la même question : "Quels livres j'emporte ?" et moi je lui conseillais de la musique, lui donnant des cassettes audio à emporter. » Elle laissait les ouvrages au camp de base, n'emportant que des phrases recopiées sur de petits bouts de papier pour les mémoriser et les réciter en marchant comme des mantras.

Elle disait qu'il faudrait toujours grimper avec un dictionnaire dans le sac. Taguait joyeusement des vers sur la toile de ses tentes : Verlaine, Baudelaire, Adonis, André Velter. René Char : « Que l'éclair me dure. » Elle a récité « Élévation » de Baudelaire au K2 : « Envole-toi bien loin de ces miasmes morbides, / Va te purifier dans l'air supérieur, / Et bois, comme une pure et divine liqueur, / Le feu clair qui remplit les espaces limpides. / Derrière les ennuis et les vastes chagrins / Qui chargent de leur poids l'existence brumeuse, / Heureux celui qui peut d'une aile vigoureuse / S'élancer vers les champs lumineux et sereins… »

Chantal aimait réciter des poèmes. Ne serait-ce pas plutôt

Baudelaire qui a récité la vie de Chantal Mauduit ? « L'Invitation au voyage » lui ressemble si fort : « Mon enfant, ma sœur, / Songe à la douceur / D'aller là-bas vivre ensemble ! / Aimer à loisir, / Aimer et mourir / Au pays qui te ressemble ! / Les soleils mouillés / De ces ciels brouillés / Pour mon esprit ont les charmes / Si mysté-rieux / De tes traîtres yeux, / Brillant à travers leurs larmes. / Là, tout n'est qu'ordre et beauté, / Luxe, calme et volupté. »

Un soir, son père l'appelle chez elle, aux Houches, pour prendre des nouvelles, elle décroche : « Je me suis éclatée, j'ai commencé à écrire à 9 heures ce matin, il est 21 heures et je ne me suis même pas arrêtée pour manger ! » Elle découvre l'accoutumance à l'écriture, ce pli à prendre qui devient besoin vital, ce rendez-vous quotidien que l'on s'impose d'abord, qui s'impose ensuite, qui mange sur les heures de repas, de sommeil, de vie en société. Elle tracera les grandes lignes d'un autre livre, qui ne verra jamais le jour : *Artecime*.

« Comprendre : art et cime, entendre aussi antécime, Artémis, grains de folies d'alpinistes et artistes. »

Le livre aurait associé ses textes et quelques-unes des milliers de photographies qu'elle a prises pendant ses expéditions : images des hautes cimes, des vallées verdoyantes népalaises et de leurs habitants, des enfants surtout. Elle avait écrit ceci pour le présenter :

« Pour moi, le grain de folie imputé aux alpinistes relève de la même essence que celui des artistes. J'ai illustré cette hypothèse par un conte. Il s'agit du « Conte du jardinier qui plantait des grains de folie »[24] par lequel il serait bien de commencer. »

---

24. Lire en annexe.

Elle imagine ses photographies de voyages légendées de quelques phrases, des « aphorismes façon Chantal ».

« Entre ces clichés d'expéditions, les virgules seront des grains de folie. »

Les photos seraient présentées en « grappes » :

« Sculptures, peintures, art bouddhique, et à chaque fois une image de grimpe pas forcément très belle mais exprimant une ambiance forte d'alpinisme. Il sera possible d'insérer quelques clichés noir et blanc. Ce chemin photographique traversera le Maroc, le Népal, le Tibet, le Pakistan, les Andes, le Yosemite, des îles d'Antarctique. Il est le fruit de dix années de pérégrinations de par le monde (et 18 ans d'alpinisme). Mon regard s'est posé tant sur les hommes que sur les cimes. »

À Barberaz, la bibliothèque de sa chambre, modestes étagères de bois clair, est toujours ornée d'ouvrages sur la Chartreuse, le Vercors et l'Himalaya, des récits de Reinhold Messner et René Desmaison, d'atlas, des œuvres de Jonathan Swift, Claude Roy, Montaigne, Hervé Guibert (*Le Paradis*), Nietzsche (*Ainsi parlait Zarathoustra*), Nerval (*Voyage en Orient*), Kessel, Rimbaud… Une biographie de l'abbé Pierre, Mishima, *La chambre claire* de Roland Barthes, des livres de yoga, Pennac, le *Phèdre* de Platon… Elle adorait aussi Arthur Miller. Quand on lui demande, sur France Inter, quelles personnalités elle aurait aimé rencontrer, elle cite trois photographes (Cartier-Bresson, Boubat, Depardon)… et l'écrivain Christian Bobin.

*

Si elle avait vécu, Chantal Mauduit aurait-elle réalisé ce rêve d'écriture ? Son amie Frédérique Delrieu en est convaincue : « Aujourd'hui, elle serait écrivain. » Son dernier amour, le poète André Velter, qui lui a consacré le triptyque *L'Amour extrême*[25], le pressent : « La mort l'a prise alors qu'elle accédait à autre chose, l'écriture. Ses carnets étaient de plus en plus organisés, les phrases davantage travaillées, je la sentais au bord de quelque chose. Dans le dernier carnet, j'ai lu cette formule magnifique, "je suis liée à l'inouï". Elle écrivait beaucoup. Je lui disais souvent : "Il vaut mieux écrire moins mais être davantage concentrée." »

Chantal concevait l'écriture comme une progression en haute montagne. Elle était inspirée, originale, son désir d'écrire remontait à l'adolescence, sa vie lui offrait un matériau extraordinaire. Elle avait en elle la neige et le vent, la peur des crevasses et les transes hypoxiques, le froid polaire, son obstination et sa fantaisie, son courage.

Dans son ultime carnet d'expédition, retrouvé dans sa tente ensevelie sous la neige, elle écrit : « J'aime être écrivaillon ». Puis ces mots, au sujet d'André Velter, son amoureux, directeur de la collection Poésie/Gallimard, lui-même écrivain prolifique et poète reconnu :

« Je me passerai de son soutien vu qu'il ne serait qu'accablant, je suis mon chemin, le roman est là, je le sais, je le sens, je le vis. »

---

25. *Le Septième Sommet* (Gallimard, 1998), *L'Amour extrême* (Gallimard, 2000) et *Une Autre Altitude*, (Gallimard, 2001), tous trois sous-titrés : « *Poèmes pour Chantal Mauduit* ».

Chapitre X

TRIOMPHE, TRAGÉDIE
« L'espace est un bandit d'honneur »

À chaque atterrissage à Katmandou, « c'est toujours la même chose. » Chantal se précipite au hublot, ne tient plus en place, trépigne de bonheur sur son siège.

> « J'ai le cœur qui s'accélère, je reconnais le paysage, m'amuse à voir ce qui a changé, des détails, la couleur des forêts, des champs. Je regarde les maisons. Et je me dis que j'aime vraiment ce pays. »

Nous sommes le 29 mars 1996. Il fait nuit, elle s'éclaire à la bougie dans sa chambre du Maryangdi Mandala Hotel. Elle écoute dans son walkman *The Ghost of Tom Joad,* album fantomatique, magnifique de sobriété de Bruce Springsteen. Puis elle séjourne quelques jours dans la famille du petit garçon dont elle finance la scolarité. Ang Lakpa Nuru (« Joyau ») a 5 ans. L'enfant lui présente son carnet de notes, il est excellent.

Elle commence un nouveau carnet d'expé qu'elle pourra bientôt titrer : « Namasté Pumori Lhotse Manaslu printemps 1996 ». « Namasté », le salut népalais, suivi des noms de trois sommets, dont deux 8 000. Ce printemps qui commence à Katmandou et s'achèvera à Paris sera pour elle une saison particulière : un étrange cocktail de triomphe, de tragédie côtoyée et d'amour naissant.

*

Du premier des trois sommets, le Pumori (7 161 mètres), elle n'écrit que peu de choses : « Une mise en jambes avant de passer aux choses sérieuses. » Elle décrit le camp de base, « petit coin de paradis près d'un lac gelé », au pied de cette belle pyramide qui fait face à l'Everest. Elle est partie avec le Britannique Mike Pearson qui gravit avec elle son premier 7 000. Sommet atteint le 28 avril, neuf heures après avoir quitté le camp 1, 1 000 mètres plus bas.

> « Le vent ourlait l'Everest, le Lhotse, d'un liseré rose, prometteur de hauteur ! »

Dans une interview accordée à l'automne à *L'Humanité,* elle dira :

« Quelle vue ! Quel panorama superbe ! Ça va vous paraître curieux pour une alpiniste mais j'aime l'horizon. Et en montagne, pour le voir, il faut aller au sommet. C'est pour ça que j'y vais. Pas seulement pour le plaisir de la grimpe. »

Le 3 mai, elle gagne le camp de base du Lhotse (8 516 mètres). Le quatrième plus haut sommet du monde est un satellite de l'Everest, dont il est séparé par l'échancrure du col Sud. Chantal a eu l'idée d'en tenter l'ascension lors de sa dernière tentative à l'Everest :

> « J'ai le Lhotse en tête, maintenant que je l'ai vu d'en haut. »

Les deux 8 000 ont le même camp de base, au pied de l'Icefall, sur une moraine constellée de tentes multicolores. Dans ce décor glaciaire qu'elle connaît bien, Chantal retrouve Scott Fischer, l'alpiniste et guide américain qui était venu à sa rencontre avec Ed Viesturs quand elle descendait du K2, quatre ans plus tôt. Scott Fischer vient de créer Mountain Madness, une agence qui veut conduire des clients au sommet de l'Everest. Très ambitieux, il a invité dans son expédition un journaliste et écrivain reconnu, Jon Krakauer. L'enjeu commercial est important : Fischer veut prendre pied sur le « marché » des expéditions guidées à l'Everest (chaque client débourse environ 70 000 dollars) dont le Néo-Zélandais Rob Hall détient la plus grosse part. Entre les deux guides, la concurrence est rude.[26]

Le 9 mai 1996, elle bivouaque à 7 900 mètres d'altitude avec deux jeunes alpinistes américains de 25 et 27 ans, Tim et Stephen. Les conditions sont sévères : froid, vent fort. Mais Chantal s'est bien acclimatée lors de son ascension du Pumori. Au matin, les deux Américains ne sentent plus leurs pieds et lui disent vouloir se réchauffer avant de se mettre en route. Ils restent sous la tente tandis qu'elle part vers le sommet du Lhotse. Un peu plus tard, elle se retourne et comprend que les deux jeunes alpinistes ont renoncé. Elle est seule sur les pentes sommitales du Lhotse. En face, plus de trente clients, guides et sherpas progressent vers le Toit du monde.

À *Libération* qui la joindra par téléphone à Katmandou, elle racontera cette « journée particulière »[27] :

« Pendant l'ascension, je voyais l'Everest juste en face, avec un panache énorme, immense. Le Lhotse fait presque 400 mètres

---

26. Cette tragédie a été racontée avec un grand luxe de détails dans le best-seller de Jon Krakauer, *Into Thin Air* (*Tragédie à l'Everest,* Guérin, 1996). Un film grand public en 3D en a été tiré en 2015 : *Everest.*
27. Interview à *Libération,* 16 mai 1996.

de moins que l'Everest, son orientation est différente, les conditions y étaient meilleures : j'avais un peu l'impression d'être dans un pays enchanté, alors qu'en face c'était endiablé. Je voyais les petits points des grimpeurs, sur l'arête sommitale. J'étais étonnée, je me demandais ce qu'ils faisaient là. Mais, heureux hasard, je n'avais pas de radio, et je ne savais pas le drame qui s'y nouait. Si j'avais su, je n'aurais rien pu faire mais peut-être aurais-je fait demi-tour… »

À 14 heures, ce 10 mai 1996, Chantal Mauduit se dresse, seule et sans oxygène, au sommet de son quatrième 8 000. Elle est la première femme à gravir ce sommet.

Au même moment, Scott Fischer et Rob Hall progressent toujours vers l'Everest. Les deux guides savent qu'ils sont sur le point d'atteindre le point de non-retour, la limite qui impose de faire demi-tour. Mais les effets débilitants de l'hypoxie et la concurrence exacerbée ont eu raison de leur lucidité. Un drame se noue à l'Everest.

*

À mesure que Chantal Mauduit redescend, elle voit la météo se dégrader.

« À 19 heures, j'étais au camp 3, à 7 300 mètres d'altitude.
Il neigeotait, il y avait des éclairs. La fin de journée était franchement mauvaise. C'est ce qui a été fatal à ceux qui se trouvaient encore en haute altitude. »

La nuit tombe. Rob Hall, resté pour assister son client Doug Hansen, est bloqué au sommet Sud de l'Everest. Scott Fischer, assisté par un Sherpa, s'est arrêté épuisé, à 8 500 mètres, incapable de continuer à descendre. Le guide Andy Harris a disparu. Des clients en perdition, à court d'oxygène, errent sur la selle du col Sud battu par les vents. Le camp 3 du Lhotse est commun avec celui de l'Everest.

« Au camp 3, j'ai appris la catastrophe. Il y avait une grosse mobilisation sur la montagne. Beaucoup de sherpas montaient pour tenter d'assister les alpinistes en difficulté. »

Au lieu de savourer son succès, Chantal, au contraire, commence à prendre conscience de l'ampleur du drame qui se joue sur les pentes sommitales de l'Everest, ce sommet auquel elle a dû renoncer par sept fois.

« Au camp 3, la nuit a été terrifiante. Le vent était hyper violent. Mais le lendemain matin, c'était plus calme, et j'ai pu poursuivre ma descente. »

À proximité du camp de base, Chantal s'écarte de la trace et tombe dans l'eau glacée. Elle s'en tire, des alpinistes japonais l'assistent. Elle est saine et sauve après une ascension majeure. En d'autres circonstances, elle devrait exulter.

« Dans ma tête, c'était bizarre. J'avais réussi le Lhotse, mais je ne bondissais pas de joie. Je ne pouvais pas bondir de joie. J'avais beau savoir que c'est la loi de la montagne, pendant deux jours, mon moral était atteint. »

Sur une double page de son carnet, elle écrit :

« Au soir glacé, Dead City avec ses fantômes gelés. J'ai le sentiment d'être une fleur aux senteurs de puanteur combinée à celle du pur bonheur… Rob, Scott et autres sont maintenant autres, autres parmi tant d'autres, gelés en ciel étoilé. Tragédie himalayenne, histoire presque quotidienne du « summit day » et de ses jours de haine où la place n'est sûrement pas humaine. Amis tels que Rob Hall, Scott Fischer, c'était écrit. Et je ne sais plus quels noms sont partis ce jour où j'étais en face, sur une autre face, celle du Lhotse, seule et enchantée… »

Pour échapper aux fantômes de « Dead City », elle quitte le camp de base. La vie reprend.

« J'ai passé une soirée inoubliable avec des musiciens bulgares qui donnaient un concert à Lobuche, à 5 000 mètres d'altitude. Ça m'a remise d'aplomb moralement. »

Le 15 mai, elle est de retour à Katmandou, prête à repartir vers le Manaslu. Elle pense avoir deux à trois semaines pour réussir le sommet avant l'arrivée de la mousson.

*

Elle vole en hélico jusqu'à proximité du camp de base du Manaslu avec Ang Tsering, qui a gravi le sommet peu de temps auparavant avec des Tibétains. Des voix s'élèveront à Chamonix pour dénoncer cette entorse à l'éthique. « Le milieu de la montagne est dur », dédramatise Fabien Ibarra. « Les gens se tirent facilement dans les pattes, dès qu'on peut dézinguer, on le fait. On ne se fait pas de cadeaux. Je suis certain qu'elle n'a pas pensé à mal pour l'hélicoptère, qu'elle n'y a vu que le côté pratique mais comme ce doublé l'a fait connaître médiatiquement, certains ne se sont pas gênés pour lui tirer dessus. Mais ce n'est pas pour se faire connaître qu'elle a enchaîné le Lhotse et le Manaslu. Elle s'en foutait pas mal de ça. »

Quand elle entend parler d'entorse à l'éthique, Frédérique Delrieu se met en colère : « Quelle éthique ? On avait deux devis : hélico ou trek. Le premier était beaucoup moins cher et permettait de rejoindre Samagaon, à 3 600 mètres. Comme si c'était moins "éthique" que de se faire déposer à Namche Bazar, qui est exactement à la même altitude ! »

Le Mexicain Carlos Carsolio vient de terminer au Manaslu son grand chelem des quatorze 8 000. Il est le quatrième homme et le premier non européen à y parvenir : elle lui rend hommage et se greffe sur son permis pour s'attaquer au Manaslu – une combine qui lui permet une nouvelle fois d'éviter de débourser les milliers de dollars d'un permis d'ascension. Déposés à 3 600 mètres en hélicoptère, Chantal et Tsering boivent du thé en attendant les porteurs. Contraste entre l'engin « brillant et moderne et les visages patinés, crevassés, sales et posés sur des corps fracturés ».

Le 19 mai, ils atteignent le camp de base à 4 500 mètres. Tsering, Siti le cuisinier et Chantal y sont seuls au monde. Quelques drapeaux à prières ont été accrochés par les expés précédentes, le glacier gronde, des corbeaux les survolent en croassant. Elle écoute Gary Moore en attendant que le temps s'améliore, mange des biscuits, de la purée, des soupes, du jambon et du fromage, du pain, de la crème d'anchois, des bonbons et boit du thé. Une semaine à attendre et à souffrir. Elle est malade, elle se vide jour après jour. Tous les matins puis tous les soirs, Tsering prie à haute voix sous la tente. À chaque repas, à chaque plat, il envoie dans le ciel une petite portion en offrande. Chantal fait de même mais prie en silence.

Malgré tout, ils partent vers le camp 1, s'enfonçant « comme des taupes » dans la neige mouillée. Jusqu'à 6 500 mètres, ils sont suivis par un groupe d'hommes, des villageois de Samagaon vêtus de toile percée, chaussés de coques en plastique récupérées de vieilles expéditions. « Quasiment des va-nu-pieds », écrit-elle, qui dorment non sous la tente mais sous une bâche plastifiée. Ils ne possèdent, relève-t-elle, ni corde ni crampons :

> « Voilà l'équipe sauvage qui nous a suivis jusqu'à 6 500, une cleaning expé, des loubards d'altitude. Ils montaient en quête de quelque trésor, en quête de quelques restes… »

Ils cherchent à récupérer le peu qu'elle et Tsering pourraient abandonner, ramassant le matériel laissé par les expéditions qui les ont précédés et finissant pas redescendre, faute d'acclimatation et de crampons, victimes d'insupportables maux de tête.

Chantal et Tsering parviennent à 7 200 mètres. La neige est de plus en plus profonde, « immonde », dit-elle ; Tsering s'inquiète : « Juste deux pour se relayer dans ces conditions, il faut être fou. » Elle éclate de rire : « Fou de montagne pour sûr ! »

À 8 000, Tsering abandonne. « Aimantée par la cime », Chantal poursuit, seule, épuisée mais « la joie chante dans ma tête. » Elle s'enfonce toujours plus dans la neige. Elle aperçoit le sommet.

> « Des corniches finement ciselées par le vent, pointent vers le ciel leur silhouette effilée. Elles ressemblent tantôt à des points d'interrogation, tantôt à des points d'exclamation. »

Elle atteint le sommet du Manaslu (8 163 mètres) le 23 mai. Elle pense à son ami Rob Hall disparu à l'Everest, dédie « cette journée lumineuse » à sa fille qui va venir au monde le mois prochain. Elle se filme récitant le poème « Indomptable » d'André Velter : « L'espace est un bandit d'honneur, c'est à lui que tu penses quand tu suis le galop de ton cœur… » Puis elle retrouve Tsering, qui l'attendait sous la tente.

Deux ascensions solitaires en moins de quinze jours. Bientôt, elle écrira :

« J'ai vécu quelque chose de très beau. J'aime bien partager, mais là j'ai vécu quelque chose de grand en y allant
seule, parce que quand on grimpe seule, on fait encore
davantage corps avec la montagne. »

Redescente, plongée dans la forêt, verres de tchang, discussions,
« singes, mouches, thé, patates et riz. » Au Tushita, le 2 juin, elle
peut enfin profiter d'une douche, de vêtements propres, déguster
un yaourt, une salade, passer des coups de fil.

« J'ai peine à croire que j'ai été au sommet de cette
immense, belle et imposante montagne. »

Elle sent ses forces revenir. Porteurs et trekkeurs la congra-
tulent. Elle retrouve bientôt les champs de blé, les enfants, les
fleurs. Bientôt, en septembre, elle confiera avoir vécu lors de cette
redescente du Manaslu son plus beau souvenir :

« J'ai rarement fait un aussi beau voyage. En redescendant
dans la plaine, on n'était que des Népalais… »[28]

Joli lapsus. Réalise-t-elle la portée médiatique de son exploit ?
Avec ce cinquième 8 000, elle devient l'himalayiste français vivant,
hommes et femmes confondus, la plus titrée. Jean-Christophe
Lafaille et Éric Escoffier en comptent alors un de moins. Ce dernier disparaîtra en 1998 au Broad Peak, qui aurait été son sixième
8 000 ; Jean-Christophe Lafaille huit ans plus tard, en tentant de
gravir son douzième 8 000, le Makalu, en solo hivernal. Benoît
Chamoux, l'homme aux dix 8 000, s'est tué à l'automne 1995,
pendant l'ascension du Kangchenjunga. Frédérique Delrieu se
souvient d'une discussion entre Chantal et sa veuve, Patricia. Cette
dernière voulait offrir un sac à dos de montagne à sa fille mais

---

28. « Chantal Mauduit, Himalaya mon amour. », *JDD,* 1ᵉʳ septembre 1996.

financièrement, les choses étaient devenues compliquées depuis la disparition de son compagnon. « Le lendemain, Chantal est allée chercher un de ses sacs et l'a offert à l'adolescente. »

*

Chantal Mauduit rentre en France avant la fin de ce joli printemps. Le 4 juin, le président de la République lui écrit : « Chère Chantal Mauduit, vous venez encore une fois de démontrer votre grand talent et votre résistance hors du commun [...] et j'ai tenu immédiatement à vous adresser personnellement mcs plus sincères félicitations. Je me réjouis de ce nouvel exploit qui confirme vos grandes qualités physiques et morales et qui vous permet d'entrer dans la légende de l'alpinisme. Nous sommes donc très fiers de vous. Tous mes vœux vous accompagnent pour vos prochains défis qui, j'en suis persuadé, seront tout aussi impressionnants. » Jacques Chirac a ajouté à la main, avec sa signature : « Mille et un bravos, bien amicalement »

Les médias jettent leur dévolu sur elle. L'agence de communication Éolienne, qui gère son image depuis 1994 et lui a trouvé un contrat en or avec les montres Sector qui sponsorisent toutes ses expéditions, un luxe rarissime dans le milieu de la haute montagne, croule sous les demandes d'interviews. *Libération* lui consacre son fameux portrait de dernière page, titré : « De la montagne avant toute chose ». Elle pose dans un ascenseur la tête en bas, suspendue par les pieds. Son changement de statut a frappé l'auteur de l'article, Charlie Buffet : « Pour le monde des grimpeurs, elle n'était qu'une séduisante allumée, une brillante glaciériste « prise » par l'Himalaya. Et voilà qu'en une saison, le regard change : Chantal Mauduit, redescendue du Lhotse et du Manaslu, est devenue une « grande alpiniste ». Les revues alpines saluent d'un bravo de dernière minute son « doublé grandiose », et début juin, une *Marche du siècle* un peu poussiéreuse, enregistrée à Chamonix, prend des airs d'adoubement. Vieux messieurs, jeune colombe : les Maurice Herzog, Roger Frison-Roche et autres autorités morales ont l'œil humide, et Catherine Destivelle, la « roc star », n'éclipse pas Chantal Mauduit. »

Les médias découvrent son sourire, sa joie de vivre, sa modestie. Elle devient une « bonne cliente » malgré elle : pas une professionnelle de la communication comme Christine Janin, plutôt une étrangeté qui sort du rang et du lot, qui pouffe à ses propres plaisanteries, qui fait de grands gestes quand elle décrit son Himalaya, qui insiste mille fois plus sur la beauté des paysages, sur le sort des peuples du Népal et du Tibet, sur son rapport à la méditation que sur ses exploits montagnards. *Paris-Match* lui consacre huit pages sous ce titre : « Elle emmène le dalaï-lama sur le Toit du monde »[29] (le Toit du monde est ici le sommet du Pumori où elle pose, un portrait du dalaï-lama dans les mains). Pour l'hebdomadaire, elle est « la fée des cimes ». « Comment ne pas vouloir aller toujours plus loin et toujours plus haut se fondre dans toute cette splendeur ? » se demande-t-elle au cours de l'entretien. « C'est dur mais j'ai ça en moi. C'est mon chemin spirituel. Il m'arrive de douter, jamais d'être découragée. Après tout j'ai la chance de vivre ma passion et c'est le plus beau cadeau de la vie. » N'a-t-elle jamais peur ? lui demande-t-on. « Sans la peur, je n'aurais plus de limites, je serais inconsciente. Elle est un signal d'alarme nécessaire. » Pourquoi se

---

29. 20 juin 1996.

prive-t-elle d'oxygène à pareille altitude ? « Je suis de l'avis d'Éric Escoffier : aujourd'hui, pour quelqu'un de bien entraîné, faire de la haute montagne avec de l'oxygène est aussi ridicule que de courir le tour de France sur un vélomoteur. » Trois autoportraits d'elle, on ne dit pas encore *selfies*, accompagnent l'entretien. Elle a pris les photos dans sa tente, gros plan sur son visage. Elle porte le « khata », le tissu de soie qu'on lui a offert pour porter chance. Et une serviette sur ses cheveux qu'elle vient de laver… *Paris-Match* a versé 120 000 francs, une très belle somme, pour aider à financer l'expédition et obtenir en retour et en exclusivité son interview, celle de l'auteure du doublé Lhotse-Manaslu. Sa première ascension s'étant déroulée pendant la tragédie à l'Everest, la rédaction de *Match* est persuadée que Chantal va pouvoir lui fournir un témoignage de première main. Roger Thérond, le charismatique patron du magazine, les fait entrer, elle et Mick Régnier dans la grande salle de rédaction, dans l'immeuble du groupe Lagardère à Levallois-Perret. « Un grand silence s'est fait, plus personne ne mouftait en la présence de Thérond, se souvient Régnier. Et puis il a dit : "Alors, racontez-nous l'Everest !" Et Chantal a répondu : "Mais moi, j'étais en face !" » D'autres qu'elles se seraient mis en valeur ou en scène, se seraient racontés plus héroïquement. Elle non. Mick Régnier : « Elle ne se prenait pas au sérieux, se marrait tout le temps et passait bien à la télé, les journalistes l'aimaient beaucoup. Mais ça, à Chamonix, il y a plein de gens qui ne l'ont pas supporté. »

« C'est amusant, on veut me faire entrer dans la légende des records et moi, de ces deux derniers mois, je n'ai que quelques images inoubliables », a-t-elle aussi confié à *Paris-Match*. « Des moments forts et sublimes. Plusieurs fois ces dernières années, je me suis attaquée à ces sommets. Chaque fois, l'accès m'en avait été interdit. Mauvaises conditions climatiques, fatigue… Je n'ai jamais pris cela pour des échecs. Ce n'était pas le moment, voilà tout. Et puis, ce début de printemps, j'ai senti dans le fond de moi-même que tout se passerait bien. Alors, je me suis attaquée à chacune de ces montagnes le cœur léger, l'esprit libre et gai. »

Les journalistes l'ont découverte, ils se l'arrachent désormais. Interviews dans *L'Humanité, La Croix, Le Journal du Dimanche,* portrait dans *Libération,* France 3, France Inter, *Le Parisien, Le Figaro,* dans le magazine américain *Outside*[30] : « Un an après la mort tragique d'Alison Hargreaves au K2, Chantal Mauduit s'affirme comme la nouvelle star d'une discipline qui manque de vedettes féminines », écrit Lolly Merrell, qui pose ensuite deux questions : est-elle la nouvelle Hargreaves ? Est-elle devenue la meilleure alpiniste au monde ? La réponse coule de source : « Quelle importance ? Je m'en moque de ce genre de distinctions ! La seule chose que je sais est que je grimpe pour voir la beauté, là-haut. » Mais la journaliste tient à sa comparaison et ressort deux perfidies qui ressemblent fort à celles de son « ami » Ed. Est-elle oui ou non la nouvelle Hargreaves ? « Non, si on se souvient qu'elle a été deux fois secourue, au K2 et à l'Everest, ce qui tendrait à prouver qu'elle ne possède pas la force nécessaire pour accéder seule aux plus hauts sommets du monde. »

Interrogé au cours de l'article, Thor Kieser refuse de se prêter au jeu des sept différences : « Elles ne se ressemblent en rien. Hargreaves était une personne très indépendante, très agressive aussi, en montagne mais dans la vie aussi. Tandis que Chantal était douce, presque enfantine. »

---

30. Juillet 1996.

À Paris, Chantal assure la promotion de ses deux succès. L'agence Éolienne et le sponsor Sector sont aux anges. Elle incarne désormais la grâce, la facilité dans la difficulté extrême, le sourire au pays de la souffrance, de la peur, de la mort, du gel, des orteils coupés, de ceux qui meurent parce qu'ils s'endorment. Elle est en train d'entrer dans la tradition des grandes dames alpinistes. Jamais de bravoure excessive ni de fausse modestie. Elle ne se croit pas immortelle, elle sait depuis longtemps qu'elle risque d'y mourir, qu'elle y mourra peut-être, qu'elle y mourra sans doute ? Elle en parle sans peur ni vantardise. Sa simplicité devient sa meilleure publicité.

« Le milieu de la montagne est plutôt rustre mais quelqu'un comme Messner, peut-être le plus grand d'entre tous, aurait aimé une personnalité comme Chantal, une artiste de la montagne comme elle, assure Marc Batard. Je pense d'ailleurs que si elle s'était appliquée une méthode d'entraînement comme Messner, elle aurait eu une carrière comparable à la sienne. »

*

Avant d'être un homme de lettres et de radio reconnu, André Velter a arpenté l'Himalaya de Kaboul à Katmandou. Il a vécu en Afghanistan, en Inde, et marché au Pakistan. Il a découvert l'univers tibétain avec sa femme Marie-José Lamothe, traductrice de Milarépa.

Ce jour de juin 1996, regardant « distraitement » le journal télévisé de France 2, il entend relater les exploits d'une jeune alpiniste. Sur le plateau, elle suscite l'admiration de l'invité du jour, l'écrivain Frédéric Dard. Velter est frappé par le naturel, l'éclat joyeux de la jeune femme. Il ignore alors qu'au sommet du Manaslu (8 163 mètres), la belle inconnue a récité, tout en s'enregistrant, des vers qu'il a lui-même composés : « l'espace est un bandit d'honneur, / c'est à lui que tu penses / quand tu suis le galop de ton cœur. »

Velter anime l'émission quotidienne *Agora*, à 19 heures sur France Culture. Lorsqu'il arrive à la Maison de la radio, son assistante lui transmet un message laissé par une admiratrice : « Je voudrais vous rencontrer. » Il y a un numéro de téléphone qu'il appelle aussitôt. Une voix féminine répond, celle de l'amie chez qui Chantal séjourne à Paris. « Chantal, c'est pour toi, c'est André Velter ! » S'ensuit, raconte Velter, « une explosion sonore venue sans doute du fond de la pièce ». Il récite le dialogue qui suit :

— Bonjour, je suis Chantal Mauduit. Je voudrais vous rencontrer.

— Demain ?

— Oui, très bien. Où ?

— Chez moi !

André Velter raconte comme un feuilleton cet amour naissant. Le lendemain matin, le 13 juin (il a retrouvé la date dans un carnet), elle parvient essoufflée au 6ᵉ étage où il habite. Il sourit de ce souffle coupé par l'escalier, elle qui rentre des plus hauts sommets du monde. « Elle me parle de mes poésies, de son admiration pour mes textes, je lui présente ma femme, nous buvons un verre, bavardons. Nous parlons de l'Himalaya, du Népal et surtout du Tibet. Nous nous promettons de nous revoir et échangeons nos adresses et téléphones. Elle repart. Sur le moment, je n'ai rien perçu mais ma femme me le dira plus tard, "J'ai compris tout de suite…" »

Une semaine plus tard, Chantal est l'invitée de *Nulle Part Ailleurs*, l'émission phare de Canal+. Avec la complicité de Mick Régnier, son agent, la production a sollicité Velter : le poète joue le présentateur météo. Ils en rient pendant et après l'émission, se revoient quelques jours plus tard au marché de la poésie, place Saint-Sulpice. Ils restent ensemble tout l'après-midi, puis il la raccompagne en scooter chez ses amis. Elle lui dit n'avoir jamais vécu un retour d'expé aussi merveilleux. « Nous nous quittons gaiement avec promesse de retrouvailles très prochaines », écrit-il. La semaine suivante, Chantal revient à Paris. Entre-temps, ils se sont téléphoné tous les jours. Ils se donnent rendez-vous au café de la Mairie, place Saint-Sulpice (où Georges Perec écrivit *Tentative d'épuisement d'un lieu parisien*). Marchent vers l'Odéon (*odéon* : édifice dédié à la poésie dans la Grèce antique). S'embrassent rue du Sommerard (adresse du Vieux Campeur, magasin consacré au matériel d'alpinisme). Deux univers se sont rencontrés. Velter restera vivre aux côtés de sa compagne, Marie-José Lamotte, dont il partage la vie depuis 1970 et qui n'ignore pas que son mari aime aussi une autre femme.

Le 1er juillet, il lui offre un poème écrit à la main, « Viatique pour Chantal » : « Ce qui touche au ciel / C'est le rêve les yeux ouverts. / Le cœur inouï / Qui porte au sublime / La bouche qui fait lumière / D'un peu de souffle, / Le rythme de quelques mots / Qui crée un corps d'espace / Hors du temps / Pour abolir le temps. / Là-haut, la beauté / Là-haut, en beauté, / Là-haut, cette vie / En plus de la vie. »

Chantal a aimé l'œuvre, elle tombe amoureuse de l'auteur. Les carnets des deux dernières années de sa vie, qu'il conserve chez lui, se noircissent de cet amour d'encre. Dix-huit ans après sa disparition, André Velter, 71 ans, est incapable d'évoquer Chantal Mauduit sans avoir les larmes aux yeux. « Ça a été hors normes.

Hors tout. » Des photos de l'alpiniste ornent sa maison de Provence et son appartement parisien. « Je vis avec elle tous les jours. Elle possédait un charme au sens magique du terme. Comme une fée des glaciers. »

Vingt ans ont passé. Il dit : « On ne comprend rien à elle si l'on n'entend pas qu'elle ne se forçait à rien. On aurait pu dire d'elle qu'à la manière d'un musicien de jazz, elle trouvait la note bleue immédiatement. Elle était autre, à la manière de Rimbaud quand il écrit « Je est un autre ». Il y avait chez elle une transcendance, un surcroît d'être, d'énergie. D'ordinaire, les métaphores tombent dans la grandiloquence mais à son sujet, elles étaient en dessous de la réalité. En réalité, on ne peut parler d'elle qu'en abusant de métaphores. Comme une étoile lointaine ; comme l'essence même de la poésie. »

Chapitre XI

LE CHAMP DES POSSIBLES

*« Grimper la peur au ventre
n'est pas signe de beauté. »*

C'en est fini de la vie discrète de Chantal Mauduit. Son doublé dans l'Himalaya, sa médiatisation soudaine ont fait d'elle une personnalité publique. Elle qui, au départ, devait se contenter d'une apparition lors d'une soirée organisée par le Crédit Agricole de Savoie, en échange d'un peu d'argent pour financer ses expés, est invitée sur les plateaux de télévision, interviewée dans les journaux, courtisée par les marques. Elle ne s'en plaint pas, la reconnaissance lui plaît, la notoriété aussi. Le regard que les autres portent sur elle lui tient à cœur. Elle ne change pas pour autant, ne déménage pas, ne modifie rien à son train de vie, toujours aussi modeste. La montagne ne rend pas riche, financièrement parlant s'entend.

Elle fait la connaissance d'un écrivain bientôt célèbre, Sylvain Tesson, et de la réalisatrice et aventurière Priscilla Telmon, qui vont devenir deux de ses amis les plus précieux et avec qui elle ira accrocher un drapeau tibétain sur le toit de Notre-Dame. « Chantal, c'est une fille complètement désarmante qui ne réagit pas selon les codes traditionnels, estimait Tesson dans une interview accordée à *Alpinisme et Randonnée*. Elle a une capacité incroyable à aimer les choses, les gens, elle participe intensément. Vraiment le contraire d'une blasée. [...] Tellement aux antipodes de la montagne conquérante, des champs de bataille. »[31]

Éolienne et Sector voient grand pour leur petite protégée, Sector finançant l'intégralité de ses expés, autour de 150 000 francs en moyenne (environ 22 500 euros). Créée par Pascale Blanchet et Mick Régnier, Éolienne gère également les intérêts d'autres sportifs « de l'extrême » comme le recordman du monde de plongée en apnée, l'Italien Umberto Pelizzari, le skieur de vitesse Michaël Prüfer, l'aventurier suisse Mike Horn, le navigateur Guy Delage et le parachutiste français Patrick de Gayardon, star médiatique de l'équipe, l'inventeur de la wingsuit, qui se tuera lors d'un saut à Hawaï un mois jour pour jour avant Chantal Mauduit…

*

Le document, non daté, remonte sans doute au début de l'année 1995. Retrouvé dans la panière en osier qui contient tous les journaux intimes, les carnets d'expéditions et les lettres de Chantal, auxquels sa famille m'a si gentiment donné accès, il a tout d'une brochure publicitaire. En couverture, un beau portrait carré de l'alpiniste, gros plan sur son visage, sur fond de montagnes enneigées. Au-dessus, un énorme logo bleu, blanc, rouge, Pepsi Max. En dessous, ce slogan qui ne s'embarrasse pas d'être vrai : « Chantal Mauduit. Mai 1994, première féminine de l'Everest sans oxygène. »

Pepsi envisage alors de sponsoriser une équipe de champions : parmi ceux-ci, la médaillée d'or olympique en athlétisme Marie-

---

31. *Alpinisme et Randonnée,* juillet-août 1998.

José Pérec, le skieur acrobatique Edgar Grospiron et Chantal Mauduit. Est-ce Chantal qui a refusé elle-même l'exagération des publicitaires ? L'affaire se terminera de toute façon « en eau de boudin », selon Mick Régnier. « Ils lui ont offert un parapente aux couleurs de la marque, dont elle devait se servir sur un sommet, je ne me souviens plus lequel, mais il est arrivé trop tard… »

Avec ou sans Pepsi, ce que révèle le texte de la brochure, c'est que Chantal s'est laissée attirer dans la course à laquelle aucun alpiniste sponsorisé ne résiste : le challenge des quatorze 8 000. Chantal a travaillé (avec humour) sur le texte de la brochure, en témoigne un brouillon de curriculum vitæ retrouvé avec cette archive : « Alpiniste d'exception, dotée d'un charisme hors du commun, Chantal Mauduit est aujourd'hui considérée par les spécialistes comme l'une des meilleures mondiales. Chantal Mauduit compte prochainement enchaîner les quatorze plus hauts sommets du monde (8 000 mètres) au cours des quatre années à venir. » Suit le programme, qu'elle a d'abord rédigé elle-même à la main. 1996, quatre sommets de 8 000 : au printemps, le Lhotse et le Manaslu ; à l'automne, le Dhaulagiri et l'Annapurna. Elle ajoute entre parenthèses : « Passer l'aspirateur en juillet » !

Pour 1997, elle a prévu le pilier ouest du Makalu au printemps, le Kangchenjunga (« gros morceau ! Longue expé trois mois ») à l'automne. En 1998, au printemps l'Everest, l'été les Gasherbrum I et II. Été 1999 : Broad Peak et pour finir, le dernier de ses 14, le Nanga Parbat (8 125 mètres). Elle conclut : « 2000 : plage. » Mais précise : « Bon c'est pas évident de faire un programme du fait de l'organisation pour monter les expés ou se greffer sur des expés ».

La plaquette d'Éolienne, destinée à séduire Pepsi pour financer les projets de Chantal, promet : « Ce sera les quatorze 8 000 !

Un challenge sur une durée de quatre ans ! Dans cette aventure, le véritable partenariat, c'est d'abord la passion… La passion du travail bien fait pour votre entreprise, la passion de l'acte unique pour Chantal, la passion du partage avec le partenaire qui lui aura permis de réaliser son rêve ! » Suivent d'autres arguments marketing : « Intégration de la marque Pepsi Cola dans les actions de Chantal Mauduit en cours : film de 26 minutes, dépose en hélico au sommet du mont Blanc, possibilité d'un parapente, journalistes… Chantal Mauduit : un retour sur investissement immédiat. »

Il est stipulé que le partenariat comprendra des relations publiques, des animations clients, la « mise à disposition » de Chantal cinq journées par an pour des opérations spéciales hors montagne, l'animation de conférences, la présence de Chantal sur des salons professionnels… La seule expé « Everest sans oxygène » est budgétée aux alentours de 150 000 francs. Mais elle, là-dedans ? Elle, la nomade des hauts sommets, l'amoureuse de Baudelaire et d'Adonis qui écrit encore cet hiver : « Dehors est blanc comme neige, arbres, champs, cimes et tourments, blancs évanescents, l'hiver rime avec blanc, comme nonchalant, doucement, calmement » ? Elle qui recopie cette citation de Pierre Desproges : « J'ai l'impression que quand les individus se multiplient, les intelligences se divisent », qu'allait-elle faire dans cette galère ? Elle, que Jean-Michel Asselin décrit avec délicatesse comme « quelqu'un qui, au-delà de porter en elle une vraie blessure, était d'abord attachée à la dramaturgie de la montagne, à ce qu'on y vit plutôt qu'à ce que l'on y fait », elle dans ce plan marketing ? Avait-elle à son tour succombé, comme tant d'autres avant elle, à l'obsession de l'enchaînement des quatorze 8 000, celle qui fut fatale à Benoît Chamoux et Jean-Christophe Lafaille ? « Les qua-

Chantal en 1992 au camp 4 du K2. En route vers le deuxième sommet du monde.

Expédition au K2 en 1992, Chantal dans le célèbre Bottleneck, vers 8 300 mètres.

Everest 1992, versant népalais, quatrième tentative de Chantal. Vers 7 700 mètres, arrivée sur l'éperon des Genevois, sous le col Sud. Au loin, l'arête sud-est de l'Everest sur laquelle se déroule l'ascension.

Ascension du Mont Williams sur Anvers Island, au cours du voyage effectué en Antarctique en 1994. Chantal a toujours auprès d'elle le canard jaune offert par sa sœur Anne.

Au pied du Cho Oyu (8 201 m), réussi le 31 octobre 1993, trois semaines après le Shisha Pangma (8 046 m).

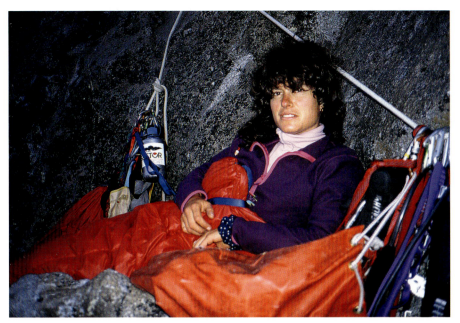

Ascension d'El Capitan au Yosemite en 1997.
À gauche : Everest 1994, versant tibétain, sixième tentative pour Chantal ici au col Nord à 7 000 mètres.

Au sommet du Gasherbrum II (8 035 m), sixième 8 000 de Chantal, le 17 juillet 1997. À l'horizon, le K2.

Dans la goulotte *Connexion* aux Périades, en mars 1998, peu avant le départ de Chantal au Dhaulagiri.

Rencontre avec le dalaï-lama à Dharamsala en 1997.

La tente de Chantal au camp de base du Dhaulagiri, en 1998.

L'association Chantal Mauduit Namasté a été créée en mai 1998, après la mort de Chantal.

Chantal Mauduit.

torze 8 000, elle en parlait comme ça, comme d'un challenge »,
se souvient le guide de Chamonix Michel Pellé. « Je ne sais pas
ce qu'elle avait au fond d'elle. Souvent, tu te demandes ce qu'ils
cherchent à se prouver, ceux qui courent après ça. Parce que moi
comme d'autres, on a arrêté d'essayer de mourir. Mais c'est une
drogue. Après son retour infernal de l'Annapurna avec Béghin,
j'avais dit à Jean-Christophe Lafaille : "Tu vas arrêter maintenant,
hein ?" Il a dit oui et puis il y est retourné. Or plus tu accumules
les tentatives, plus tu prends de risques que ça tourne mal, c'est
mathématique. Tu accumules la fatigue, la prise de risques…
J'étais avec Chamoux quand il a disparu ; et Lafaille, quand il est
parti la dernière fois pour le Makalu, franchement, on ne donnait
pas cher de sa peau. »

Les amis, les proches sont partagés, ne savent pas quoi en
penser. Pour sa sœur Anne, « l'histoire des quatorze 8 000, de la
plaquette publicitaire, c'était un moyen comme un autre de se
faire connaître, de se faire de la pub et de gagner de l'argent pour
monter les expés à venir. Elle n'était pas du tout obsédée par cette
course aux quatorze 8 000. » Frédérique Delrieu, son amie la plus
proche, se souvient de l'avoir vue laisser paraître son envie mais
aussi de l'avoir entendue affirmer : « Le coup des quatorze 8 000,
c'est pour mes sponsors. » « Elle y pensait comme à un horizon
possible », ajoute Delrieu, « quelque chose qui peut se réaliser –
ou non. Elle ne le vivait pas comme un engagement. Malgré ça,
les quatorze, c'était un peu un piège. Quand on est au pied d'un
8 000, il faut pouvoir se dire, toujours : "Je n'ai que 10 % de
chances d'arriver au sommet". » Comme Michel Pellé, Delrieu
insiste sur la dangerosité de l'enchaînement des quatorze sommets
les plus hauts du monde : « Pour chaque sommet ou presque,

il faut s'y reprendre à plusieurs fois. Peut-être faut-il compter 50 tentatives au total pour viser l'ascension des quatorze. »

À l'automne 1996, *L'Humanité* demande à Chantal Mauduit si un alpiniste doit inévitablement franchir la fameuse barre des 8 000.

« Pas du tout. Moi j'ai commencé à grimper à l'âge de quinze ans et tout a été progressif. Un jour, j'étais encore jeune, je me suis retrouvée en Amérique du Sud. J'étais projetée à 6 000 mètres. C'était grand, fabuleux, et c'est là, en altitude, que je me suis dit : pourquoi ne pas aller plus haut ? Mais ce n'était pas comme une conquête. C'était pour, au moins, aller voir. Je n'étais pas sûre que cela me plairait ou que j'aurais envie d'y mettre les pieds. »

L'Huma insiste : « Pour vous qui grimpez toujours sans apport d'oxygène, la "barrière" des 8 000 est-elle vraiment si importante ? »

« Oui et non. Déjà, à 7 000, c'est pas mal. De toute façon, dès 6 000 mètres, il y a moins d'oxygène dans l'air. Une lenteur s'installe. Il y a des règles. On ne peut pas prendre l'avion de Paris et le lendemain monter à 8 000… Impossible ! Il y a tout un cheminement qui est important : monter, progressivement, marcher doucement, les pieds bien à plat, souffler, passer d'un camp à un autre. Le corps doit s'acclimater. C'est une autre façon d'appréhender la vie, refuser le « cent à l'heure », ignorer le tourbillon du monde actuel, la Bourse, Internet, la télévision, le flot des images, tout ça ! Là-haut, on apprend l'humilité, car, au fond, c'est toujours la montagne qui décide si elle veut de vous ou pas. Même quelqu'un de très fort, citons par exemple le Suisse Erhard Loretan, qui a réussi les quatorze 8 000, n'est jamais sûr de partir et d'arriver au sommet. Il y a l'imprévu, la météo, les avalanches, sa propre réaction au cœur d'éléments hostiles. La montagne nous apprend aussi à renoncer. »

*

13 octobre 1996. Au pied de l'immense face sud de l'Annapurna, à 5 400 mètres d'altitude. Elle a baptisé sa troisième expé de l'année du nom du poète syrien Adonis et tagué ses mots sur sa tente orange zébrée d'argenté.

Chantal a convié son beau-frère Gilles, CRS au secours en montagne à Briançon, avec qui elle avalait les 1 100 mètres de dénivelé de l'aiguille Rouge, le soir, au-dessus des pistes des Arcs. L'idée était que sa sœur Anne les accompagne aussi jusqu'au camp de base, puis les y attende tandis qu'ils s'attaquaient au sommet. Anne et Gilles renonceront : « Si je coule une bielle, elle ne pourra pas parvenir au sommet », a-t-il dit.

Ils ne seront donc que trois avec Chantal : Ang Tsering (« Mon frère d'Himalaya »), Siri le cuisinier, Nacho Orviz l'ami espagnol. Il y a aussi un groupe d'Ukrainiens.

La poésie imprègne l'expédition, les mots sur le toit de la tente, ceux qu'elle copie dans les petits carnets Cambridge verts, bleus ou rouges de 96 pages. Elle cite Velter (« Le présent est une ombre en plein midi qui s'efface pas à pas »), le Chilien Luis Mizón, le Japonais Aru Toki, Rimbaud et Verlaine chantés par Ferré, Baudelaire toujours. Elle repense à Katmandou :

> « À la nuit, aux chiens, aux chauves-souris. Qu'on est bien ici ! »

Elle repense à la marche d'approche vers le « Sanctuaire » de la face sud, sous les averses de la mousson :

> « Le chant de la pluie m'a murmuré : Ne pense pas trop
> à toi, concentre-toi à chaque pas. »

Elle noircit son carnet dans tous les sens, jusqu'en bas de la page, puis tête en bas, puis dans le coin droit, puis le gauche... Elle dépose deux petites fleurs séchées sur une page où elle écrit des noms propres et communs en népalais et en anglais. Elle décrit la vie quotidienne des villageois, les repas (patates, beurre de yak), les retrouvailles familiales entre une petite fille et son père qui ne se sont pas vus depuis deux mois. D'autres petites fleurs séchées violettes apparaissent plus loin. Elle lit : Stefan Zweig, *Le Paradis* d'Hervé Guibert.

Elle trouve que les Ukrainiens qui les accompagnent sont à moitié fous :

> « Ils passent par un glacier qui s'écroule sans cesse. »

Elle décrit un temps de printemps, les fleurs jaune doré et argentées, ils dorment sous la voie lactée. Puis la neige, soudaine et abondante, dans laquelle on s'enfonce jusqu'à la ceinture à partir de 5 000 mètres. Elle imagine « AV » à Paris.

> « Là-bas, devant deux micros, deux êtres vont bientôt
> converser comme chaque soir, lui est toujours là, présent,
> fidèle, il anime livres et écrivains d'une voix limpide,
> parfois un peu trop intellectualisant mais qu'importe ! »

Il l'a priée « entre un verre et un baiser » de ne pas trop penser à lui :

> « Plus je pensais à lui qui m'avait dit de ne pas penser à
> lui... plus je pensais à Pierre Béghin, tombé non loin...
> Alors attention petite ! J'écrirai plus tard. »

Tsering, qui a participé à près de cinquante expéditions, confie n'avoir jamais vu une face aussi dangereuse, il en reste presque muet. Le 14 octobre, dans son tout petit carnet vert, elle les décrit « envahis de neige, c'est du délire ». Et le lendemain :

> « 7 200 mètres, encore une journée de fous, enfonçant tant et tant dans la neige, j'ai invoqué plusieurs fois le soleil pour qu'il nous accompagne encore sur notre cime. »

Mais le lendemain, ses invocations ne sont pas entendues :

> « Très froid, il fait très froid, des oiseaux de glace, même l'intérieur de la tente ressemble à une grotte de glace, neige dehors, neige dedans. »

Les Ukrainiens, partis devant, croupissent à 7 600 mètres dans une grotte de glace improvisée. Et un jour, ils redescendent du sommet avec leur « victoire », pieds et mains gelés.

> « Pour eux, grimper revient presque à faire la guerre ».

Elle n'ira pas au sommet, ne marchera pas dans les pas d'Herzog et Lachenal, mais elle a « le cœur plus léger ».

> « Parfois, d'une déesse tellement belle on ne devrait s'approcher, car alors le danger surgit, elle devient vipère.
> Grimper la peur au ventre n'est pas signe de beauté. »

Mick Régnier, n'a pas oublié la peur qu'elle a éprouvée alors, les avalanches toujours plus nombreuses, la sagesse dont elle fait preuve au moment de renoncer :

> « Elle aurait eu l'ego d'un conquérant, elle n'aurait pas fait demi-tour mais elle y aurait laissé ses pieds. Mais redescendre en martyr, à la Maurice Herzog, les orteils gelés, n'était pas son truc. Pour le dire vulgairement, il en faut des couilles pour faire demi-tour alors qu'on s'approche du sommet. »

*

En 1997, Chantal Mauduit alterne l'Himalaya et les voyages loin de l'Asie, sans André Velter, qui ne partira jamais avec elle. Elle est sans cesse sur le départ, ne tient pas en place si ce n'est pour le retrouver lui, écrire son livre et passer du temps avec son amie Frédérique Delrieu. Les deux jeunes femmes vont au concert, au cinéma… ou au Maroc. Elles s'y envolent au printemps. Pour Chantal, c'est le premier voyage « en terre africaine ». Le premier et le dernier.

Frédérique l'a convaincue de tenter l'ouverture d'une belle voie dans les gorges de Taghia. « Ce projet, elle l'avait fait sien », se souvient-elle. « On s'est entraînées sérieusement, on a préparé la logistique… et on a passé trois semaines sous la pluie ! »

À Casablanca, à Ouarzazate, elle recopie des poèmes d'Abdelkébir Khatibi, se constitue un lexique en arabe et en berbère.

« Après la traversée de la vaste steppe sud-marocaine rayée d'une route […], je me sens vidée, le corps n'est plus que chair et os ambulant par réflexe. Vidée. L'énergie n'est plus présente que dans un souvenir d'apparence. Vidée. Les désirs ne sont plus que caprices d'un être intérieur… »

Elle décrit la végétation, les couleurs, les animaux, des scènes de la vie quotidienne, le thé qu'on lui offre à longueur de journée… Six fleurs orangées séchées sont toujours accrochées au rabat de la couverture du carnet où elle écrit :

« Une nuit d'étoiles, d'ombres, de roc, de desseins imaginaires. »

L'Himalaya attendra : de retour du Maroc, direction la Californie ! Elle part avec Antoine Noury pour le Yosemite et son mythique big wall, El Capitan, 900 mètres de verticale. Une escapade approuvée par son sponsor, dont Mick Régnier sourit encore : « Sector a payé et puis… plus rien, elle est partie, et ne nous a pas envoyé une seule photo, rien du tout, elle a oublié ! »

Elle raconte son « voyage vertical » dans un carnet intime, mi-mai. Elle grimpe de nuit, sous une demi-lune montante. Dans le fond de la vallée, une mer de pins, de chênes et de séquoias, une rivière « tantôt bouillonnante tantôt lac et miroir » ; tout autour, des cascades « qui crient le bleu et le blanc du ciel jusqu'à en perdre forme et résonance. » Perchée sur le mur de granit, elle déjeune de carottes fraîches croquantes, d'un couscous, de Vache qui rit, de viande séchée et d'une soupe miso « en surprise dessert ». Elle observe la cascade, les hirondelles émergeant des fissures… Accrochés eux aussi à la paroi, des Espagnols dorment au-dessous. Inévitablement, elle lit de la poésie, à la verticale. Elle parvient au sommet le 19 mai, redescend, fête cette ascension avec d'autres grimpeurs, au foie gras de canard accompagné de fruits au sirop. « Portion réduite, frugalité de merveille. » Elle termine son périple américain par la mer, une plage de Californie :

> « Une plage, du sable, le ressac, un couple sur le lointain de brume et le soleil du couchant qui roule derrière les nuages pour devenir bateau de feu sur l'horizon que le regard ne peut qu'attiser. »

Si le challenge des quatorze 8 000 avait été une complète obsession, se serait-elle accordé ces deux escapades marocaine et américaine ?

*

Il est l'heure, cependant, de repartir vers l'Asie. À Paris, Velter lui fait découvrir la musique d'Arvo Pärt, répétitive comme le souffle de l'alpiniste, méditative et intériorisée comme les mantras qu'on répète en grimpant. En juillet, elle quitte la France. Son objectif est le Gasherbrum II, treizième plus haut sommet du monde, initialement noté sur l'agenda 1998. Cinq années se sont écoulées depuis sa première visite au Pakistan et sa très désagréable découverte du pays.

> « Je vois le Pakistan d'un autre œil qu'il y a cinq ans, peut-être ai-je aussi un peu grandi. »

Elle trouve, et le dessine pour le démontrer, que la carte du pays ressemble aux caricatures du visage de Jacques Chirac… On lui offre des fleurs, des roses surtout, elle joue avec les enfants.

> « Je mime l'oiseau, ils deviennent de plumes ; je clowne, ils nez-rougent… »

Elle s'entraîne à écrire de la main gauche.

> « Ma main gauche aime les champs de blé, le rose des fleurs [...] ma main droite aime les cultures verdoyantes, l'effluve des bouquets, la naïveté enfantine, le rayonnement ultime d'un jour piqué de cimes et d'arbres. »

À près de 4 000 mètres, elle écoute, la nuit, le murmure du fleuve qui coule près d'elle.

> « Quant à moi, dans la nuit, c'est à un autre flot que je pense : du silence de la voix de mon amant, je sais la passion. »

La traversée de certains cols, tel le Gando Chso à 5 600 mètres, s'avère épique, la dizaine de porteurs se mutine, puis revient.

« J'en passe et presque en trépasse. »

Arrivés au col, les voici qui chantent « Allah est grand ». Elle observe un porteur musulman qui prie au crépuscule sur sa couverture posée sur la glace.

« Il se courbe jusqu'à toucher le glacier puis se redresse, joint les mains jusqu'à se fondre dans la nuit. »

Le temps se dégrade, il neige de plus en plus fort, puis la météo se montre plus conciliante. Elle évoque un monde féérique, lunaire, imaginaire, des créatures de la montagne, des sœurs jumelles comme les deux Gasherbrum ; l'une vivrait au fil de l'eau, l'autre serait fille de pierre et de neige…

Reinhold Messner, le pionnier de l'Everest sans oxygène et des quatorze 8 000, se trouve là, assis sur un rocher. On lui glisse à l'oreille : « Tu as vu qui est là ? » Elle n'en revient pas. Bien qu'intimidés, elle et Nacho Orviz osent déranger le maître italien qui conversait avec un ami. Il leur confie son désarroi face aux camps de base surpeuplés, leur demande où ils vont. « Au Gasherbrum ». Il demande : « Le I ou II ? » Orviz répond : « On veut tenter la traversée, comme toi ! »

« C'est bien », dit Messner. Ils partagent un thé et des abricots secs.

« Ainsi passe le mythe "himalayo-humain" qui repart vers le Nanga boitillant de gelures presque déjà ancestrales tout en nous lançant des "good luck" dont nous nous sommes emparés autant par superstition que par filiation d'altitude. »

Il leur laisse des boîtes de thon et quelques gourmandises. Ça tombe bien : elle a grand faim.

« Merci, ô mythe ! »

*

Le 13 juillet, elle attaque le Gasherbrum II (8 068 mètres). Elle parle d'une chaleur étouffante, de la neige qui fond, de marmottes tapies au creux du glacier. Il faut grimper de nuit...

« Se métamorphoser en grimpeur de lune et d'étoiles. »

Le surlendemain, camp 3, 6 900 mètres. Elle atteint le sommet le 17 juillet. Elle adresse une pensée « infinie pour cet autre cœur qui joue avec le sublime. » André Velter effectue au même moment un trek au Ladakh. Elle au Pakistan, lui en Inde.

« Deux amants, une frontière de guerre... »

« Mon Amour sauvage, sa poésie au vent himalayen, mon cœur pour lui de même »

Chantal et Nacho contemplent le paysage au terme de cinq journées que l'absence de sherpas a rendues épuisantes. L'enchaînement des Gasherbrum leur semble inaccessible. Il fait trop chaud ! Puis trop froid...

« Le glacier fondait à une allure monstrueuse ! Puis il s'est mis à faire très mauvais, c'était vraiment trop dangereux, on a renoncé. »

Comme d'habitude, nul regret :

« Comme le temps imparti s'achève, nous sommes contents. La montagne était digne de son nom et notre ascension pourrait s'estampiller d'une belle technique alpine. Du Gasherbrum, il ne reste que neige, vent et crevasses. Rentrons ! »

Son sixième 8 000 en poche, elle repart début septembre vers le Dhaulagiri (8 167 mètres). Sa petite troupe est de nouveau réduite au plus simple : Siri le cuisinier, Tsering, trois porteurs, le meneur et ses cinq mules.

> « Donc voilà le Dhaulagiri en face. Je ne l'attendais pas si vite, belle surprise, ne reste qu'à faire la puja, emporter la tente d'altitude et voilà ! Nous irons fureter sur les glaciers. »

Tsering doit redescendre dans la plaine. Il ne figure pas sur le permis d'ascension sur lequel elle s'est encore une fois greffée.

> « J'attends, je ne me rue pas, seule, sur la montagne comme je le fis dans ma prime jeunesse, franchissant les crevasses à plat ventre (ô bonne étoile, merci !). Tout est enseignement, maintenant j'attends, j'ai appris, j'apprends à attendre. Je ne me précipite pas sur le glacier, l'instant propice, un signe d'harmonie, j'attends et j'en suis heureuse, je sais enfin attendre. »

Elle se constitue un nouveau lexique franco-népalais, recopie du Pascal (« L'erreur, c'est l'oubli de la vérité contraire »), écoute Glenn Gould, réfléchit aux conférences qu'elle donnera à son retour en France. Son écriture se métamorphose parfois, comme si elle écrivait de la main gauche. Ou bien est-ce dû au froid ?

Elle se récite des alâps, mantras d'altitude.

> « Alâp comme une voix en moi, une présence, amie de l'air, alâp, alâp… alâp pour l'élégance, pour mes pas. »

Tsering la rejoint enfin. Ensemble, ils montent dans la neige profonde jusqu'au camp 3 mais la météo, épouvantable, interdit toute progression vers le sommet. Il a neigé bien plus tôt que d'habitude. Un vieillard de 85 ans lui a dit n'avoir jamais vu cela. Elle pense aux villageois privés de fruits : sous l'effet du gel, les arbres se brisent.

> « On se croirait en Sibérie tellement il y a de neige alentour ! »

Deux jours plus tard, la tente, qu'elle avait emmenée au Manaslu et à l'Annapurna voit son double toit se rompre sous le poids de la neige.

> « La promesse de sommet d'un matin de soleil semble enfouie sous des mètres de neige fraîche. Pour l'heure la tempête est seule maîtresse. »

Elle commence l'écriture d'un conte, « Le jardinier qui plantait des grains de folie »[32]. C'est la mi-octobre. Elle note des idées de cadeaux pour sa famille et ses amis népalais

> « Siri : donner mon walkman, pulls… etc. Faire des cartes de visite à Katmandou, trouver de quoi tirer des photos en noir et blanc. »

En France, il faudra trouver un appareillage pour Ang Tsering, qui devient sourd. Elle le lui remettra l'année suivante.

À 7 500 mètres, Tsering ne sent plus ses pieds, n'ose pas le lui dire. Une heure plus tard, à son tour d'être gagnée par le froid. Il faut vite redescendre, à temps, comme toujours avec elle, mais en urgence, tant il fait froid. Ils doivent abandonner du matériel pour progresser plus vite, Tsering est en larmes, répétant « Sorry Didi, Sorry… » Il s'en sortira avec des engelures à deux orteils.

---

32. Lire en annexe.

Dans la vallée, elle croise Jean-Christophe Lafaille qui l'interroge sur les conditions climatiques, elle lui recommande de « faire gaffe aux avalanches ». Elle lui offre de l'encens pour faire la puja, l'offrande aux dieux.

Chantal passe du temps avec les villageois de Kagbeni, aux portes du Mustang. Elle les aide à écosser des haricots, écoute de la musique, se repose quelques jours… Elle écrit longuement dans la chambre de son lodge. Elle évoque ses lectures de Michaux et d'Artaud. *J'habite au paradis* vient de paraître en France et elle réfléchit à un nouveau projet d'écriture.

> « Idées d'histoires et de contes : regarder un visage ridé et imaginer l'apparition d'une ride au cours de tel ou tel événement… Le rayon de soleil rebelle qui voulait à tout prix percer nuages et cœurs. Un homme qui reçoit deux courriers d'une seule femme sans le savoir. »

Sur une feuille volante, retrouvée dans ce même carnet, une ébauche de scénario :

> « Poésie et montagne, d'après mon approche des cimes où j'apprends et dis la poésie en montagne comme viatique, prière… »

Elle recopie une longue citation extraite de *L'Âme et la vie* de Carl Gustav Jung : « Trop de gens encore cherchent en dehors d'eux-mêmes ; les uns croient au leurre de la victoire et de la force victorieuse ; d'autres aux traités et aux lois ; d'autres encore au renversement de l'ordre établi. En trop petit nombre, quelques-uns cherchent en eux-mêmes, dans leur être psychologique. Une minorité, trop faible encore, se demande si, en définitive, la meilleure façon de servir la société et les hommes ne serait pas de commencer chacun par soi-même, d'essayer d'abord et uniquement sur sa propre personne, dans sa propre économie interne, les réformes prêchées à tous les carrefours. »[33]

*

Fin novembre, de retour en France, elle digère l'échec :

« Un vrai délire, cette montagne, j'avais rarement vu autant de neige ! »[34]

Deuxième accroc au programme fou rédigé pour séduire Pepsi… Elle n'en éprouve aucun regret, aucune tristesse. Elle est au contraire heureuse, comblée même. Il n'y a pas eu de quadruplé en 1996 ni de doublé en 1997. Trois 8 000 en deux ans au lieu des six promis à Pepsi. Six en autant d'années. Elle est désormais la plus titrée des himalayistes français, mais la tête ne lui en tourne pas. « Elle a toujours su ce qui lui était essentiel », se souvient Frédérique Delrieu. « Quand ta vie te remplit, quand tu es là où tu voulais être, tu as tout. Et Chantal avait tout. Elle me disait toujours : "Fred, faut pas raisonner par le pire ! Faut pas se contenter de ce que l'on a. Il faut aller vers la lumière et garder le cap !" En réalité, elle ouvrait en permanence le champ des possibles. »

33. *L'Âme et la vie.*
34. *JDD,* 30 novembre 1997.

Chapitre XII

L'ABSENCE
« C'est au grand air
que je souhaite m'envoler »

Elles sont arrivées les unes après les autres, postées du monde entier, au gré des vents. Des dizaines de cartes postales que Chantal avait rédigées en secret en mars 1998 pour André Velter. De doux et malicieux mots d'amour, jolis clins d'œil, délicates attentions. Du baume au cœur pour les jours de tristesse, de mélancolie, de manque de l'autre durant les deux mois que devait durer sa nouvelle expédition au Népal. Du réconfort pour soigner l'inquiétude de celui qui pense à elle, risquant sa vie à 8 000 : « Ne sois pas triste ! » « Mets un nez rouge ! » Elle a écrit 80 cartes postales qu'en partant pour le Népal, elle a confiées aux bons soins de ses plus proches amis, mais aussi d'inconnus croisés à Roissy puis dans l'avion, à l'escale, et enfin à son arrivée à Katmandou. Avec une même demande : merci de la timbrer et de la poster depuis votre pays d'origine une fois rentrés chez vous. Le destinataire était toujours le même, André Velter. Les voyageurs ont glissé la carte dans leur sac. A-t-on jamais vu attention plus romantique ?

*

Chantal repart au Dhaulagiri (8 167 mètres), où elle a échoué, il y a quatre mois. Elle a colorié au Bic bleu le petit logo Clairefontaine sur la couverture du dernier carnet, gris vert. Sur sa double page de garde, il y a le dessin au stylo-bille d'une montagne, ornée en son sommet d'un tournesol. Des étoiles et des oiseaux envahissent la page de droite. Et ces mots : « Montagne des vents, sunflower expedition, tara mandal[35] Dhaulagiri printemps 98. »

Tournons la page. Comme toujours, son adresse : « Chantal Mauduit BP 39, 74 130 Les Houches France. » Puis quatre numéros de téléphone français. Les deux premières pages ont été arrachées.

« Le 26 mars à Tushita, l'aéroport, Tsering et Siri surgissent de la foule. Ils m'entourent le cou de colliers de fleurs. Je suis de retour au Népal ! Bonheur ! »

Elle a dessiné un trait qui sépare ses deux univers.

« Hier, c'était Paris en scooter. J'étais blottie contre mon poète. Il m'emmena au bois de Vincennes, au bord de la rivière. Les arbres étaient en fleur. L'air était doux. Main dans la main, nous nous promenâmes. Là-bas, parmi les arbres émerge un temple bouddhiste. Ce fut aussi délice au chalet des îles. Ensuite, il accompagna sa femme au Père-Lachaise. Je rassemblai mon paquetage. Le temps d'un baiser nous avions rejoint le sublime. Puis d'un temple à l'autre, je partis, le cœur absolu. »

Par « accompagna sa femme au Père-Lachaise », derrière l'apparente légèreté des mots, il faut comprendre que la femme

---

35. Tournesol en anglais et en népalais.

d'André Velter, Marie-José Lamotte, est décédée d'un cancer le 22 mars et que ses obsèques viennent de se dérouler. La réalité de ses sentiments ? Tout le contraire de la légèreté. « Elle était complètement dépassée émotionnellement par la gravité du moment », se souvient Frédérique Delrieu. « Elle se débattait avec sa culpabilité. Elle fondait en larmes au téléphone. Mick Régnier et moi étions inquiets de la voir partir en expédition dans cet état. »

Dans son carnet, Chantal écrit qu'au Népal, à ceux qui lui demandent si elle est mariée, elle répond « oui, dans mon cœur »…

Quand l'état de santé de Marie-José Lamotte s'était aggravé, Chantal s'était en réalité éloignée, partant passer du temps chez sa sœur. Anne se souvient : « J'étais enceinte. Je me souviens de l'échographie, elle riait en disant que le bébé n'était pas plus gros qu'un petit pois. »

« 28 mars : J'ai fêté son amour en mon cœur, j'ai débouché du Moulin-à-vent puis j'ai trinqué pour qu'il survive. »

« Je pars donner de l'altitude à notre amour. »

Ces deux mois vont lui faire prendre totalement conscience de son deuil.

Le 1ᵉʳ avril, elle trouve un téléphone dans la plaine, avant que ne débute vraiment l'ascension qui l'empêchera de le joindre :

« Coucou c'est le poisson d'Himalaya ! Je l'ai réveillé mon amour, il dormait.

– C'est quelle heure ?

– L'heure de te faire des bisous.

– Je reçois presque une lettre de toi par jour !

Il en est heureux, ô joie ! »

Elle est allée rendre visite au lama avant de grimper. Ang Tsering, à qui elle a offert un appareil auditif, une nouvelle fois l'accompagne.

« Depuis qu'il entend, il semble découvrir que Katmandou est bruyante. Les voitures ont même des klaxons ! »

Elle a recopié « Le Calligraphe du vide », un poème écrit pour elle par Velter et qui débute ainsi : « Il est parti jouer à perte sur l'échiquier des songes / Qui ressemble comme une ombre au théâtre du monde... » Elle lira aussi Claude Roy et l'aventurier danois Jørn Riel, Henry Miller et Pascal Quignard (*La Vie secrète*) :

« Du sexe cru de Miller aux pensées de Quignard, un seul chemin, celui de l'animal humanisé qui tend au bonheur »

Elle écrit beaucoup, plus que d'ordinaire, décrit les buffles, les coqs, les chiens, les paysages, les enfants, les serpents, la baignade à la rivière, la fatigue et la sueur.

Elle s'approche de la base du Dhaulagiri, immense pyramide qui domine, au nord, le Mustang, petit royaume d'altitude aux confins du Tibet.

« La vallée devient de plus en plus sauvage, le thé rouge et salé, les visages noircissent, la compréhension du népalais s'estompe, la bière en fin de journée ».

Elle rédige d'une écriture serrée sur un petit carnet qui tient dans la poche, ne sautant pas une seule ligne.

« Je marche. Je sue. Je ris. Je mange. Je dors. En quelques mots, je me recentre. Marcher est simple. Marcher est essentiel... »

Le 6 avril, elle parvient à un camp tenu par des Italiens, à 3 600 mètres.

« Nous voilà aux portes du monde minéral. »

Elle rencontre des Autrichiens, des Grecs. Elle a emporté une caméra avec laquelle elle se filme, et filme aussi Tsering, et les paysages. Elle marche à travers la jungle, traverse des torrents. Tous portent des sacs à dos comme des armoires. Elle évoque « le thé qui va nous réchauffer, nous ressourcer, les bonnes odeurs », laisse un papillon se poser sur ses doigts et lui parle en népalais. Elle raconte sa montagne, son alpinisme :

> « La montagne, ce n'est pas un sport, c'est une aventure sportive, c'est ça qui est fascinant. Quand on va en montagne, on accepte le risque, mais de façon intelligente. On fait tout pour rentrer et vivre notre passion, aller voir l'horizon, partager les aventures. »

*

Le 8 avril, elle est au camp de base du Dhaulagiri, à 4 700 mètres d'altitude.

> « La troupe de porteurs s'ébranle, bonnet népalais sur chaque tête. Ils galopent sur la neige de la vallée étroite. Le ciel se ferme. Je suis seule dans ma tente assaillie de mots. »

Elle griffonne, attaque la page de travers :

> « Tournesol, je me dis tournesol grimpant sur les cimes à l'affût du soleil. »

Elle dessine des papillons égarés par dizaines en altitude.

> « Que font-ils là ? Point de fleurs à butiner, il n'y a que l'horizon à colorer. »

Un alpiniste possède un téléphone satellite, appeler ou pas Velter ?

« Je n'appellerai pas A, mieux vaut rester concentrée sur la cime. »

Elle résiste. Craque au bout de quatre jours, téléphone, trace la lettre A dans la neige, telle une adolescente amoureuse. Il la joint encore le lendemain. Bloquée par le mauvais temps, elle lit (encore), dessine (pas très bien), croise Ed Viesturs :

« Par-delà le passé et l'amour haine (d'Ed), nous nous sommes littéralement tombés dans les bras les uns des autres. »

Tsering, âgé d'environ 45 ans (il ne connaît pas son âge exact), originaire de Thame, un village proche de l'Everest, père de cinq enfants, est malade, « fracassé, visage flétri, rire absent. » Elle préfère attendre qu'il se rétablisse avant de se rapprocher du sommet. Les Grecs qu'elle a croisés au camp de base ont pris les devants mais elle dit « craindre un peu leur façon de grimper. Intuition ? Mauvaise représentation ? J'espère me tromper. Je ne veux pas de tragédie grecque… » Elle vise le sommet pour le 24 avril. Mais a-t-elle vraiment la tête à la grimpe ? Aux dangers qu'elle court ? Elle a beau noter qu'en expé, « l'impermanence est reine » et s'appeler à la prudence, sous la tente, seule, elle pense encore à celui qu'elle a baptisé « A », cite les restaurants où ils dînent à Paris, les plats, la bière qu'il préfère, écrit « quel étrange destin nous rassemblait ». Elle imagine le retour, il viendra la chercher à l'aéroport dans un mois et demi. « Qu'il me serre fort la main, qu'il m'embrasse comme un fou. Qu'il me baise. Et que l'on s'aime, que l'on s'aime ! »

Les deux Népalais qui l'accompagnent, Tsering et le cuisinier Siri, lui conseillent de sortir de la tente, « il faut que tu te promènes. » Frédérique Delrieu se souvient d'une Chantal aussi amoureuse que déboussolée, au sens propre du terme : « Elle se débattait pour se focaliser sur son objectif, pour réussir à être dans l'instant sans lui, mais le manque la rattrapait. » Elle est incapable de ne pas trop penser à Velter, ainsi qu'il le lui a pourtant demandé. « Il n'y en avait que pour André. Depuis le camp de base, elle dépensait le peu de sous qu'elle avait pour l'appeler lui, et seulement lui, ce qui nous a tous beaucoup inquiétés. Sa tête n'était pas en Himalaya. Elle pensait au mariage avec lui. Velter, quand il parle à une femme, c'est très agréable. C'est même magnifique. Il sait merveilleusement exprimer la profondeur même s'il a du mal à parler comme tout le monde. Pour certains, il ne parle pas clairement, on lui a déjà dit : "Mais putain, tu ne peux pas utiliser des mots normaux ? On ne comprend rien !" Mais il avait trouvé la déesse de ses écrits et elle était amoureuse de l'homme et de ses mots. »

*

« 24 avril. Vent de folie. La tente a résisté. Attendons. »

Le mois de mai approche. Trente ans après la révolution manquée de 1968, elle joue avec les slogans à 7 200 mètres d'altitude : « Sous les pavés, l'Himalaya. » Elle écoute Clapton, The Verve, estime avoir « maintenant toute mon énergie tournée vers la cime »... mais elle écrit : « Cher A, bandit de mon cœur, j'aime quand vous me tenez à bout portant. »

Elle aimerait l'appeler du sommet.

« Quelle surprise ce serait de le réveiller en lui disant ses vers de la cime du D. ! »

L'Himalaya voudrait la rappeler à la réalité, lui rappeler le péril encouru.

> « Fin d'après-midi : éclairs, tonnerre, grêlons ; tapis dans notre tente. »

Un alpiniste basque chute dans une crevasse avant d'être miraculeusement sauvé.

> « Il semble que la chaleur s'active sur les glaciers. Prudence ! »

Elle projette de monter le lendemain avec trois Grecs. Le temps semble enfin se stabiliser. Mais elle s'inquiète au sujet d'un de ses trois compagnons.

> « Je dis à Dimitris et Babys que ce n'est peut-être pas bien que Nikos tente le sommet… "Si, si, me répondent-ils. Il ira lentement mais il ira." Intuition. Parfois tu me saisis. »

Ensemble, ils tentent le sommet et se retrouvent pris au piège sur une vire. Le vent est terrifiant.

> « Nous étions gagnés par la peur, nos cœurs frappent avec autant de violence que les rafales sur notre tente. Je me pris à inviter le vent à aller jouer dans les vallées, batifoler dans les blés. »

> « Le Dhaulagiri, c'est la "montagne des vents". Par malheur, les Grecs l'ont appris tragiquement. Nikos est mort. Une chute de 750 mètres. Malgré le vent, ils grimpaient. Je ne juge pas. Nikos, cheveux et yeux noirs, aucune langue commune pour se parler, seuls des gestes, un salut de la main, un café, des olives, un sourire, ce que l'on nomme un cœur. »

*

Le réchaud ne fonctionne plus, « nous voilà quelque peu secs et affamés. » Un Italien croisé au col leur offre un thé brûlant. Elle renonce à appeler son « cher A, qui se ferait du souci après l'accident de Nikos que je ne saurais cacher. » Ils croisent d'autres Italiens, des Espagnols, le mauvais temps s'enracine. Elle écrit encore. Le petit carnet est rempli à moitié. Elle filme. Sous la tente, on la voit lire *La vie secrète* de Pascal Quignard. Elle présente Tsering :

« Un sherpa, mais c'est comme s'il était mon compagnon
de cordée : nous sommes deux grimpeurs. »

Elle explique qu'il l'appelle « Didi » et qu'ensemble, ils communiquent en népalais mêlé de quelques mots sherpas. Elle filme son visage à lui, buriné, son beau et doux visage caché derrière des lunettes de soleil rondes, son bonnet orange et blanc. Il fait fondre de la neige, qui tombe violemment, entre un et deux mètres en à peine 24 heures. Elle parle face à la caméra, ils sont à 7 200, 7 300 mètres, elle porte un bonnet rouge enfoncé sur le crâne, des gants jaunes épais.

« On est contents d'être arrivés là, y avait une trace de
folie à faire, on va partir à 3 heures du matin. »

La météo les oblige à progresser vite malgré les conditions épouvantables. Elle filme sans cesse et son rire en cascade résonne en permanence entre deux pensées qui font frissonner rétrospectivement :

« C'est tellement beau là-haut et pur qu'il serait facile
de continuer et de disparaître, comme ça. »

« Je ne cherche pas la mort, je sais juste qu'elle existe,
on ne peut pas la nier. »

Elle souffle, parle difficilement, le micro enregistre son épuisement.

« Quand on grimpe sans oxygène, l'équilibre est plus précaire, les pas sont plus lourds, le corps est plus lourd, on a l'impression de peser dix tonnes. Le cœur bat très très vite. Physiquement, c'est violent. »

Ils se reposent un petit peu. Elle se filme avec un tournesol en plastique, accroché à la tente.

« Je me dis, tournesol, grimpant sur la cime, à l'affût du soleil. »

La main de Tsering dépasse de leur tente jaune, entrouverte, le vide tout autour d'eux. Il fait très beau soudain. Il lui tend le tournesol, elle dit :

« Tsering, avec un tournesol ! Soyons héliotropes ! »

Elle rit de plus belle. Ces images sont les dernières qu'elle tourne, ses derniers mots enregistrés. On entend le vent qui balaie la tente, le bruit du moteur de la caméra qui tourne.

Elle écrit encore quelques pages. Une gigantesque avalanche a balayé leur trace.

« Elle est passée d'un flanc à l'autre des montagnes. Par chance, nous étions plus haut. T dit que c'est normal, il avait tous ses grigris bouddhistes... Croyance et superstition : peu importe, nous étions loin de la déflagration. Juste bien pour filmer ! Des nuages de neige bondissaient, rayant toute vie sur leur chemin. Montagnes ! »

Le 5 mai, elle écrit :

« Je suis en Himalaya, sur un coin de glacier, vous êtes en ville, à Paris, entre murs et civilités, mais ai-je déjà été aussi proche d'un homme ? »

Le lendemain, :

« Cime blanchie, trace de descente, on dit printemps.

Qui a raison l'Himalaya ou bien les mots ? »

Elle compose un poème :

« Demain,

Le Printemps,

À l'heure où la nature s'éveillera

À l'heure où le Khumbu se colorera,

Je cheminerai vers ce monde blanc

Là où la magie blanche

Des hauts lieux himalayens m'envolera,

Là où le printemps des sens fleurira,

Dans la lumière du pays sherpa. »

*

Ils sont redescendus se mettre à l'abri et se reposer. Le 6 mai, elle fait « un peu de sophrologie », c'est écrit de travers, sur toute la marge gauche de la page. Ajoute les objectifs des jours à venir :

« Bientôt le camp 3, après-demain. Soleil. Bientôt le sommet, dans trois jours. Soleil. Bientôt le thé fumant sur la moraine, les sacs lourds, la fatigue, le retour. Bientôt quelques jours d'altitude. De soleil… »

Elle inscrit encore ces deux mots, qu'elle souligne : « Histoires d'accointances. » Puis : une pensée pour une amie disputant la Coupe du monde de rugby féminin.

« Allons l'encourager d'en-haut ! De la cime. En partant le jour de l'anniversaire d'Anne, ma sœur, eh ? »

Elle dessine une bougie.

« Avec un poème de mon cher A. Tip top. Ce soir, un orage gronde. Qui donc ? Personne. C'est juste pour donner le ton. Ce printemps est perturbé. La sève coule du ciel, l'Amour s'épanche par les ondes. Mais il n'en est pas moins réveil de la Nature. Alors la seconde lune vient arrondir l'écueil. »

Puis plus rien, rien que des pages blanches. Un point final.

*

Chantal et Ang Tsering redescendent à 6 300 mètres, au camp 2. Ils plantent leur tente à quelques mètres d'une autre, orange. Elle appartient à des Italiens qui, jugeant le temps peu favorable, décident de descendre encore. Ceux-ci ont raconté les derniers instants passés avec elle :

« – Nous, on redescend.

Chantal :

– Je reste encore une nuit et je vous rejoins. »

Selon sa famille, la dernière liaison radio avec le camp de base date du 9 mai.

Deux jours plus tard, remontant au camp 2, les Italiens découvrent la tente et les corps de Chantal Mauduit et Ang Tsering ensevelis.

L'avalanche se déclenche probablement dans la nuit du 10 au 11 mai. C'est une petite coulée de neige, pas un monstre comme celles qui ont enseveli 9 alpinistes dont 4 Français en septembre 2012, au Manaslu, ou 16 Sherpas en avril 2014, à l'Everest. Dans *Paris-Match*[36], son amie la reporter Claudine Vernier-Palliez, qui l'avait accompagnée un an plus tôt pour rencontrer le dalaï-lama, s'autorise à imaginer le moment de la mort : « C'était une petite avalanche, elle l'a entendue venir. Elle savait écouter le silence. Alors elle a prié. »

Drôle de procédé d'écriture journalistique ne se basant sur rien que l'imagination. « C'est très improbable », réagit Frédérique Delrieu. « S'ils avaient entendu l'avalanche, ils auraient sûrement tenté quelque chose, un geste pour se redresser… Tout laisse à penser qu'ils se sont laissés surprendre dans leur sommeil… et c'est tant mieux ! »

Sur les photos, on aperçoit très clairement la tente des Italiens : elle se trouve à quoi ? Trois ? Quatre mètres de celle de Chantal. Elle est intacte, impeccable, totalement épargnée quand celle de Chantal et de Tsering a été ensevelie. Nulle imprudence de leur part dans le choix de l'emplacement. Ils sont au camp 2, normalement à l'abri, sauf en cas de menace grave.

Ed Viesturs, une fois de plus, avait croisé Chantal Mauduit sur la montagne. Sans rancune pour ses accusations inélégantes du K2, elle l'avait accueilli chaleureusement. Mais une fois encore, l'alpiniste américain distribue des commentaires désobligeants sur les erreurs grossières qu'aurait commises l'alpiniste[37]. Chantal et Ang Tsering « faisaient leur propre truc dans leur coin », explique-t-il dans une interview au site Mountainzone. « C'était vraiment

---

36. « Chantal Mauduit a atteint le paradis blanc », 28 mai 1998.
37. L'interview est toujours en ligne, sur le site Mountainzone qui rappelle qu'Ed Viesturs est l'homme qui avait « descendu une Mauduit épuisée après son ascension audacieuse du sommet ».

bizarre. Personne ne les avait vus depuis une semaine et tout le monde se demandait : "Où est Chantal ?" » Des recherches auraient ainsi été faites jusqu'à leur tente du camp 3 avant que les alpinistes italiens ne les retrouvent finalement ensevelis au camp 2. Ed Viesturs suggère que Chantal et son compagnon se seraient asphyxiés dans leur tente à cause de leur réchaud.

Ces rumeurs, totalement démenties depuis, courent encore parfois dans Chamonix.

*

Le décès est constaté par le médecin de l'ambassade de France à Katmandou deux jours plus tard, le 13 mai 1998 (c'est la date officielle de sa mort). On retrouvera l'appareil photo et la caméra de Chantal.

Parti à Katmandou reconnaître les corps, Mick Régnier se souvient des deux nuques brisées par la coulée de neige, fatals coups du lapin en plein sommeil. « Il était impossible de leur remettre la tête droite. »

Frédérique Delrieu, qui connaît Ed Viesturs pour avoir grimpé avec lui et Chantal dans le massif du Mont-Blanc, a écrit une longue lettre à Mountainzone pour démentir fermement les accusations de l'Américain : « Les grimpeurs qui ont participé activement aux recherches de Chantal et Tsering, et que nous avons rencontrés à Katmandou, estiment qu'ils n'ont fait aucune erreur : bonne acclimatation, bons choix des emplacements de camps, tentatives avec de bonnes prévisions météo. Ils avaient bon moral, leur forme était excellente. Cette fois, le Dhaulagiri a été extrêmement cruel. Chantal et Tsering l'ont payé au prix fort. »

*

Au retour de sa seizième expédition en Himalaya, Chantal Mauduit devait fêter les 70 ans de son père à Chambéry. Deux ans après l'avoir rencontré, elle devait aussi, enfin, présenter Velter à sa famille. « À la place, on a appelé les invités pour leur dire : "On ne fêtera pas les 70 ans de papa, on enterre Chantal" », se souvient son frère François, qui tente de cacher son chagrin sous un humour très noir. C'est Gilles, leur beau-frère, l'époux d'Anne, CRS au secours en montagne à Briançon, qui a été informé du décès le premier et a dû prévenir leur père, Bernard.

Deux mois après la mort de sa femme, André Velter perd son autre amour. « Mick Régnier m'a appelé, "Chantal est morte". Ce fut comme une commotion cérébrale, je suis resté granitique, la soirée et la nuit ont été suicidaires, moi qui suis le contraire de cela. » « Effondrement des temps », écrit-il. « Le lendemain je me suis dit "Je dois faire signe à quelqu'un !" » Il écrit en huit jours un recueil de poésies, *Le Septième sommet*[38], dont le premier texte, est pensé comme une lettre à Anne, la sœur de Chantal. Deux autres ouvrages, *L'Amour extrême* et *Une Autre Altitude* suivront. « Je ne les lis pas en public, je ne veux pas devenir le comédien de ces textes que j'aurais voulu ne jamais écrire. » « Quand vas-tu me convaincre de survivre tandis que j'étouffe chaque fois que je respire ? » écrit-il. Puis : « Très haut amour, à présent que tu meures, je n'ai que des mots et des larmes, si rares chez moi les larmes, si simples les mots que tu aimais, très haut amour, à présent que tu meures, la neige a tué mon plus bel horizon, la neige a bloqué les issues et les rêves, la neige de la grande nuit a ruiné notre ciel. »

---

38. Gallimard.

*

Bernard Mauduit décide de ramener le corps de sa fille en France. Sector prend en charge les frais de rapatriement. Les obsèques se déroulent le 29 mai à Chambéry en présence de grands noms de l'alpinisme comme Éric Escoffier ou Christophe Profit. « Comme une fleur de tournesol » titre le *Dauphiné Libéré* qui décrit une cérémonie placée sous le signe « de la ferveur et de la simplicité. » Sur le linceul qui recouvre le cercueil, proches et amis ont déposé des dessins de papillons, pour rappeler son surnom, Papillon, *Putali* en Népalais.

Chantal était la seule alpiniste au monde à avoir gravi six 8 000 sans oxygène. Les hommages se succèdent dans la presse : « Ne croyez donc pas les marchands de bonnes nouvelles qui prétendent que cette petite fée est morte ces jours-ci sur les pentes de Dhaulagiri, prévient Alain Rollat dans *Le Monde*[39]. Les grandes alpinistes sont des magiciennes : elles abandonnent leur corps pour qu'on les laisse tranquilles pendant qu'elles jouent à saute-mouton par-dessus les cimes. Ne vous laissez pas non plus émouvoir par ceux qui diront qu'elle cherchait à forcer le destin après avoir échoué dans son ascension de la reine des montagnes, celle que les Sherpas nomment Sagarmatha, la « déesse mère du monde ». TF1, qui a ouvert son journal sur l'annonce de sa disparition, ne s'y est pas trompée : il y a bien longtemps que Chantal Mauduit est arrivée beaucoup plus haut que l'Everest. »

Son frère François témoigne dans le magazine *Elle* : « Chantal préparait son sac à la dernière minute. Elle mettait toujours en

---

39. « Disparition d'une alpiniste », 18 mai 1998.

premier ses livres et ses disques de jazz. Pour elle, c'était l'essentiel. On avait confiance en elle, on était sûrs qu'elle allait toujours revenir. »

Aujourd'hui encore, sa sœur Anne fond en larmes en repensant à l'angoisse qui l'étreignait à chaque départ en expédition de Chantal.

*

Quelques semaines avant son départ pour le Dhaulagiri, Chantal et Frédérique avaient escaladé le Sacré-Cœur, de nuit, avec deux amis. « Chantal avait beaucoup insisté pour qu'on y aille », se souvient Delrieu. « Le seul risque, c'était la police mais Chantal aimait beaucoup ça. Pour elle, c'était aussi important qu'une autre course, une histoire d'amitié qui ne devait pas sortir de notre cercle. » Pourquoi Chantal, qui sut renoncer tant de fois à l'Everest n'a-t-elle pas fait demi-tour au Dhaulagiri ? « Elle faisait partie de ceux qui sont tout le temps sur le point de repartir », se souvient le guide Michel Vincent. « Je crois aussi qu'il existe une vraie typologie de ceux qui y restent. Ceux-là portent souvent, comme elle, une vraie fragilité existentielle, leur inconscient parle trop et cela donne souvent des destins gravés au burin. À l'inverse, ceux qui ne meurent pas en haute montagne ont compris qu'on ne vit pas dans les sommets. Leur assise terrestre est plus solide. Dans quelle boucle s'était-elle enfermée ? Il est difficile de le savoir. Trop de gens rentrent à un certain moment dans une zone de flou, hésitent : "je redescends ou pas". Il faut alors savoir prendre en compte tous les paramètres, ne pas perdre l'ancrage dans la réalité, ne pas aller "trop haut dans le haut" permet de rester vivant, je ne sais pas si elle a su le faire. On peut être très prudent, prendre toutes les précautions mais si la partie gauche du cerveau, celle qui gère, qui raisonne, se laisse envahir ou distraire par la droite, celle qui ressent… Il faut écouter les deux et leur donner autant d'importance. Ne pas se croire invincible, ne pas oublier que c'est la montagne qui décide, éviter que la balance ne penche du mauvais côté. »

Chantal a-t-elle fini par succomber à l'obsession des quatorze 8 000 ? Son désir d'altitude s'est-il émoussé dans ces expés enchaînées ? Pierre Neyret s'interroge sur les risques qu'elle prenait, avale péniblement sa salive. Mais pas plus que quiconque, il ne détient la réponse.

« Je ne pense pas qu'elle ait été obsédée par les quatorze 8 000 », estime Frédérique Delrieu. « Elle vivait la riche vie qu'elle avait rêvée. J'ai l'intuition qu'elle souhaitait à l'avenir la vivre aussi intensément, mais autrement. Je pense à une cinéaste qui l'avait contactée pour la faire jouer dans un film… »

Leur mort n'a rien de glorieux, mais qu'est-ce qu'une mort glorieuse en montagne ? Ils sont fauchés dans leur sommeil, sous la tente, tout simplement. Nul récit d'anthologie comme pour Pierre Béghin, nulle disparition à jamais mystérieuse comme celle de Jean-Christophe Lafaille. Le grand Loretan confie au magazine suisse *L'Illustré* : « M'en aller comme Chantal, ça ne me ferait rien. » Avant d'expliquer pourquoi il tient tant à ne pas dormir la nuit en très haute montagne : « C'est souvent la nuit que surviennent les catastrophes, l'alpiniste fatigué se relâche… » Puis d'ajouter : « C'est une belle mort. La chute, ça c'est l'horreur. »

*

Son père et Mick Régnier décident de poursuivre l'œuvre de Chantal qui aidait à financer les études de Lakpa, son filleul, fils de ses amis à Namche Bazar et des enfants de Tsering. « Mick m'a dit : "Pourquoi on ne ferait pas une école ?" » se souvient Bernard Mauduit. L'association est créée. Trois ans après sa mort, en 2001, ouvre à Katmandou une école qui porte son nom et déménage bientôt à Godavari, à 13 km de la capitale. Près de 250 élèves, des filles essentiellement, y sont scolarisés de la maternelle à la terminale, grâce aux dons de leurs parrains et marraines français et étrangers, ainsi que d'entreprises. Une trentaine d'emplois sont créés. « L'équipe népalaise, très sollicitée par des familles sans ressources, va chercher des enfants dans des villages privés de scolarisation ou bien encore, des orphelins ou des enfants abandonnés, explique Mick Régnier, qui dirige l'association[40] depuis Paris. Les élèves sont issus de milieux défavorisés ou des castes les plus basses, tels les intouchables, ou ont vécu des situations familiales très instables, voire désespérées. » En souvenir de l'amour de Chantal Mauduit pour la musique, les arts plastiques et bien sûr la poésie, des cours sont également proposés pour ces matières. Aujourd'hui encore, son portrait orne toutes les salles de classe d'une école ayant miraculeusement échappé au séisme du printemps 2015.

---

40. www.chantalmauduit.org

*

En décembre 2013, l'écrivain François Cheng, de l'Académie française, publie *Cinq méditations sur la mort autrement dit sur la vie*[41]. Sa deuxième méditation rend hommage à Chantal Mauduit. « La conscience de la mort nous invite aussi à répondre à un besoin fondamental : celui du dépassement de nous-mêmes, qui est en lien avec le désir de réalisation, de façon plus exaltante ou plus radicale. Selon que l'on "croit au Ciel" ou que l'on "n'y croit pas", la mort se présente à certains comme une limite infranchissable qui fixe la condition humaine, et à d'autres comme une possibilité de métamorphose. Dans les deux cas, elle taraude l'esprit humain, ne le laisse point en repos et fait naître en nous le besoin de dépassement. La mort invite à un effort pour sortir au moins de notre condition ordinaire, et cet effort a un nom : passion. Passion d'aventure, passion d'héroïsme, passion d'amour, ainsi que toutes sortes d'autres passions de moindre envergure. [...] Parlant d'"aventure", je n'ai pas en vue des personnes qui se lancent dans des trafics douteux. Je pense avant tout aux explorateurs, ces grands marins, ces grands aviateurs, ces alpinistes intrépides qui abordent des contrées inconnues en affrontant des conditions extrêmes, au risque de leur vie. Une figure proche de nous, infiniment admirable et attachante, me revient en mémoire, la grande alpiniste Chantal Mauduit. Elle avait à son palmarès six victoires sur les montagnes de plus de 8 000 mètres d'altitude, parmi les plus difficiles de l'Himalaya. [...] Pour l'alpiniste, il n'y a pas de hiatus entre son rapport charnel avec le corps de l'amant et

---

41. Albin Michel.

194

celui qu'elle entretient avec les roches – ils sont d'un seul tenant. La voilà à mi-hauteur du septième mont qu'elle s'est promis de vaincre. La veille de l'assaut final, une avalanche se produit. Elle est ensevelie (avec son sherpa) dans la pureté originelle, comme tant de fois elle avait dû l'imaginer, sans le souhaiter mais sans le craindre. La vie fulgurante de Chantal Mauduit nous dit la grandeur de la passion d'aventure. » L'écriture, en hommage à celle qui n'aura jamais cessé d'écrire.

*

Dix-neuf ans après, quels souvenirs laisse la plus grande alpiniste française de l'Histoire, l'une des plus talentueuses au monde avec Wanda Rutkiewicz, à ceux qui l'ont côtoyée et aimée ? Denis Ducroz : « Quand on voit le gigantisme des expéditions, c'est dur de croire qu'elle cherchait les 8 000 avec trois bouts de ficelle. C'était une des caractéristiques du personnage : un vagabond qui n'en demandait pas beaucoup ; un son de magie, un 8 000 par-là, un autre par-ci, un petit tour et elle repartait. »

Fabien Ibarra : « Elle aimait être là-haut, pour le seul bonheur d'y être. Cette pureté que l'on a un peu perdue depuis : la course aux records, à la performance nous ont éloignés du chemin qui était le sien. »

Frédérique Delrieu : « Je l'ai rencontrée en montagne, on y allait tous les jours, un peu comme si on allait boire un verre entre copines au bistrot. Ça a duré sept ans, et puis elle est partie. »

Pierre Neyret : « Elle avait trouvé ce qu'elle voulait. Les gens qui dans la vie ont trouvé ce qu'ils cherchaient dégagent un tel charisme… » Il se penche soudain au-dessus de la table du restaurant de Chambéry, tout près de la gare, dans lequel nous déjeunons ensemble ce jour d'hiver trop doux. « Elle transpirait la sincérité. »

Rencontré dans son petit appartement niché sous les toits parisiens, Pierre Mazeaud ne l'a guère connue mais veut lui aussi lui rendre hommage : « Elle a démontré que les montagnes n'étaient pas réservées aux hommes. Je tire mon chapeau à cette jeune femme charmante et extraordinaire, dont je partageais la philosophie de l'alpinisme, qui n'est pas un sport, et la même idée que l'on ne vainc pas la montagne. »

Elle n'appellera plus André Velter depuis les hauts sommets himalayens. Ne mimera plus l'ange qui surplombe la place de la Bastille. Ne se suspendra plus au-dessus de lui dans le train, accrochée par les pieds aux filets à bagages pour l'embrasser la tête à l'envers. « Elle avait plus que de la grâce, une présence cosmique, elle était une boule de lumière, un état d'incandescence permanent. »

*

Son dernier carnet a été retrouvé dans sa tente, près de son corps et de celui d'Ang Tsering. André Velter le recevra par la poste, envoyé depuis l'Espagne dans une enveloppe kraft qu'il a conservée, par l'alpiniste Jose Carlos Tamayo. À l'intérieur, une autre enveloppe destinée à Velter sur laquelle elle avait collé un timbre népalais non oblitéré et au dos de laquelle elle avait écrit « Dhaulagiri » et dessiné un petit soleil enfantin. Dans l'enveloppe, encore une carte postale, vierge de toute écriture, représentant le temple de Swayambunath à Katmandou, l'un des plus anciens du

Népal, et un permis de trek de couleur jaune délivré par le ministère de l'Intérieur népalais – « Mauduit Chantal Marie, Annapurna conservation area. » Permis d'entrée n°2549 tamponné le 29 mars 1998, valable jusqu'au 9 avril. Elle sourit timidement sur la photo d'identité, une mèche de cheveux noirs cache presque son œil droit. Sur une feuille de bloc-notes jaune accompagnant le tout, Jose Carlos Tamayo a écrit ces mots, en anglais, à destination de Velter : « Of course you know she was a very special person ; but you must know how much she loved you. With sadness. »[42]

*

André Velter pense que Chantal lui envoie des signes sous la forme de papillons, son surnom au Népal – de ces signes qui consolent et apaisent un tant soit peu, tant bien que mal si l'on veut bien y croire. L'un qu'il aperçoit, se prélassant sur le manuscrit du *Septième Sommet* envoyé à une amie à qui il était venu rendre visite en Provence. Des centaines d'autres, imprimés sur la robe portée par un mannequin lors d'une séance photo à laquelle il assiste par hasard dans le Vaucluse, à Lourmarin, où repose Albert Camus. Un dernier papillon qu'il observe quelques jours plus tard danser avec l'eau du tuyau d'arrosage, le soir venu, qui virevolte, s'attarde en l'air puis conclut son vol en venant délicatement se poser sur son épaule.

Jusqu'à trois mois après la mort de Chantal Mauduit, Velter a reçu chez lui, jour après jour, des dizaines et des dizaines de cartes rédigées par Chantal et postées par des inconnus, parfois après le

---

42. « Je n'ai pas besoin de vous dire à quel point elle était quelqu'un d'unique ; sachez juste à quel point elle vous aimait. Tristement, Jose Carlos Tamayo. »

décès de celle qui les avait écrites. L'écriture jusqu'au bout de sa vie, par-delà sa vie même.

*

Elle a laissé un testament où elle demande qu'on aille avec un prêtre répandre ses cendres aux quatre vents.

> « Une petite bénédiction symbolique pour la petite mystique Chantal des cimes à l'endroit de votre choix, beau, sauvage. »

Ses cendres seront réparties dans trois urnes et dispersées par Anne en montagne, dans l'Oisans ; par François aux Houches ; par André Velter dans le bois de Vincennes, à Paris, au lac Daumesnil, près du temple bouddhiste. Là où ils étaient allés se promener juste avant son départ.

Le texte est écrit à la main sur une feuille blanche barrée du logo d'un laboratoire pharmaceutique empruntée à sa sœur.

> « Testament pour une vie réussie, pour un enterrement réussi. Souhaitant que cette missive ne prenne effet que dans cent ans, mais toutefois consciente des risques de mort subite (je ne veux pas parler de la bière du même nom) éventuelle, causée soit par une arête de poisson mal avalée, une voiture trop agressive, un sérac rebelle ou une maladie honteuse, je tiens à proposer un hommage funèbre à mon image. Si je suis passée sur Terre en riant, c'est pour laisser résonner longtemps mon rire dans les cœurs et les rues et non ponctuer ma vie par des larmes d'un enterrement macabre… Point ne sera

besoin d'abattre un arbre pour m'enfermer dedans, c'est au grand air que je souhaite m'envoler vers les cieux… Alors, après un chaleureux feu conduisant mon corps à l'état de poussière, rassemblez amis et famille autour des bulles les plus drôles, les plus savoureuses, les bulles de champagne… […] De la musique avant toute chose, alors buvez en écoutant ces quelques mélodies : *Hit the road Jack* par Ray Charles, *Even better than the real thing* de U2, *LA Woman* des Doors… »

Elle convie ses proches à boire à la vie, « à la longue et belle vie que nous vivons ! » Et leur demande, comme une ultime faveur :

« Surtout n'oubliez pas d'écouter mon rire résonner en vous. »

Annexe I.

LE JARDINIER QUI PLANTAIT DES GRAINS DE FOLIE
Un conte de Chantal Mauduit

En cette époque, le concours de la ville la plus fleurie n'avait plus cours. La primeur concernait les musées. L'esprit humain n'avait rien conçu de nouveau depuis des lustres. Il était fondamental de sauvegarder les ultimes créations. En ce domaine, Antikville était un modèle. Elle se faisait fort de ses centaines de cloîtres de souvenirs. Presque religieusement, on accourait du monde entier pour les visiter. Le plus fameux se présentait sous la forme d'une vaste pièce, ovale, translucide. D'apparence elle était vide. En son centre s'inscrivait au laser, couleur or, la dernière pensée humaine. Personne ne savait la dater, à peine la décrypter. Non loin se dressait une tour dont les façades étaient semblables à des palettes de peintres avec des fenêtres sitella, rolopic, astrofume, lumatique. De nouvelles couleurs tellement anciennes déjà ! D'amples tissus flottaient sous des jets de lumières. Ces fibres habillaient l'homme depuis au moins un millénaire. Sur une place, un éventail géant s'ouvrait et se fermait, accordéon aux sons spatiaux. Dans un parc cohabitaient pierres incas, colonnes grecques, hiéroglyphes, momies égyptiennes, sculptures surréalistes, totems, fossiles, peintures rupestres.

Antikville se glorifiait de tous ces vestiges de civilisation mais elle était atteinte d'un mal universel : l'absence de créativité. En ces temps, toutes les maladies se soignaient, l'être humain vivait à n'en plus finir. Mais il avait perdu son imaginaire. Où était-il tapi ? Perdu dans l'espace avec les fusées ? Noyé dans l'océan ? Égaré dans un tourbillon de machines ? N'était-il pas enfoui en chacun, loin si loin qu'on ne le percevait plus ?

Heureusement un homme veillait. Il se nommait monsieur Rosée. Il était le dernier jardinier de la planète. Sa serre s'appelait l'oasis. La rumeur racontait qu'il avait la langue pétale de rose, l'œil myosotis, le cheveu de saule. Ce n'était que pure invention, la seule qui persistât en l'occurrence. Son paradis végétal recélait forêts, fleurs et vergers. Eucalyptus, banians, séquoias, pins, bouleaux, palmiers, bougainvillées, lauriers rouges, roses, blancs mêlaient racines et parfums avec fougères, bruyères, lilas, iris, roses, genêts, forsythias, azalées, tournesols, coquelicots, primevères, gentianes, marguerites, lys martagons, épilobes. Lichens, mousses et champignons tapissaient allées et écorces. Les bonsaïs partageaient l'eau de source avec roseaux et nénuphars. Cerisiers, cocotiers et mûriers géants emplissaient le ciel.

Derrière une jungle de bambous, Rosée cultivait son jardin secret. Là, de sa main verte, il faisait pousser des grains de folie.

Un jour de campagne électorale, le maire de la cité vint lui rendre visite. C'était l'occasion de clichés nature. Un relent d'écologie. Son photographe s'évertuait à lui redorer le blason. Il plaça son visage blafard au milieu d'un champ de coquelicots. Son portrait apparut alors auréolé de feu. Le notable était satisfait. Le jardinier lui fit déguster fruits et baies. Subrepticement, il glissa sur le plateau un grain de folie alléchant à souhait. Le visiteur le croqua avec gourmandise puis s'en fut. Le lendemain Antikville n'existait plus. La ville était rebaptisée Créaiville par décret municipal. Les rues furent placardées d'appels à l'imaginaire. À cet effet, il fut vivement conseillé de revitaminer le cerveau en mangeant fruits et grains de la serre. Ainsi artistes et chercheurs en mal d'inspiration s'en allèrent croquer pommes et grains de folie. Les musées se transformèrent en expositions permanentes. Créaiville rayonnait d'un jour nouveau. Rosée continua à planter fleurs et arbres. Ses bambous dissimulaient toujours son jardin secret. De temps à autre, il se rendait à un vernissage. Le sourire aux lèvres il admirait. »

[En exergue du texte, Chantal Mauduit a noté : Réponse à la surmédiatisation des accidents de montagne de l'été. La montagne montrée du doigt comme folie, folie humaine. Il s'avère probablement insupportable de voir l'homme évoluer en toute liberté, en toute ingénuité dans l'espace montagne — se laisser aller à rêver et dessiner sa vie. La société craint ces excès d'indépendance par peur de l'anarchie.

Mais condamner cette démarche, c'est tuer un art de vivre, refouler la créativité, l'imaginaire de chacun. Ce grain de folie qui mène en haut des cimes est de la même essence que celui qui anime les artistes. Sans lui, ni Dali, ni Debussy, ni Presley, ni Gaudi. Ni découvreurs, ni poètes, ni savants…

La terre ne tournerait plus rond, ne serait ni couleurs, ni musiques, ni inventions mais fleur fanée. Alors que perdure la folie humaine. Et surtout « que l'essentiel ne reste pas inexprimé » (Nietzsche).]

Annexe II

PARTITION DE VIE
Conte écrit au camp de base du Dhaulagiri (automne 1997)
en écoutant Glenn Gould

On raconte qu'un vieil homme lors de son dernier concert
se métamorphosa singulièrement. Ainsi son histoire : Le cheveu
blanc, la démarche vacillante, le pianiste virtuose salua son public.
Puis il s'assit face à son piano. Le silence envahit le théâtre. Alors
ses mains se mirent à courir sur blanches et noires. Les marteaux
de son instrument crépitaient sur les cordes. Fraîcheur et légèreté habitaient ses doigts. Un souffle de jeunesse s'immisça entre
ses accords. Plus il jouait, plus sa peau se déridait, plus il jouait,
plus son sang s'éclaircissait, plus il jouait, plus son cœur battait la
chamade. Il ne maîtrisait plus la fougue de ses phalanges. Il jouait
et jouait et jouait. Béatitude était son visage.

Ce n'était plus un vieillard mais un enfant. Ses cheveux devenus noirs et bouclés ondulaient en cadence, harmonie d'ondes. À
l'interprète succédait un être-son. Paumes ouvertes, il n'effleurait
plus que du regard le clavier. Fluides naissaient les notes. Source
intarissable le piano apparut soudain seul. La salle de concert
résonna à l'infini. Du virtuose ne restait que sa musique, de l'homme
son émanation sensible.

REMERCIEMENTS

J'ai croisé un jour d'été, à la librairie Guérin de Chamonix, un tout jeune alpiniste de 20 ans et des poussières, prometteur et cultivé, qui m'avoua ne rien savoir de Chantal Mauduit, pas même son nom. Moi qui ne suis pas alpiniste, qui n'ai jamais fréquenté l'ENSA mais à qui les montagnes manquent tant depuis mon installation à Paris, j'avais eu la chance d'interviewer Chantal plusieurs fois entre 1995 et 1998 pour le *Journal du Dimanche*, tandis que j'y commençais ma carrière de journaliste. Je n'avais pas oublié ces entretiens avec cette femme déroutante, charmante, cultivée et touchante, modeste et qui riait sans cesse et si joliment. Je n'ai pas voulu que son nom ni que sa mémoire disparaissent. Aussi suis-je venu proposer à Marie-Christine Guérin et Christophe Raylat d'écrire cette première biographie de Chantal Mauduit. Je veux les remercier de m'avoir accordé leur confiance et offert le bonheur d'écrire ce livre. Je salue au passage Charlie Buffet pour le soin apporté à la relecture et à la bonification de mon manuscrit ainsi que le rédacteur en chef de mes jeunes années, Lionel Cartegini, qui me permit d'écrire sur la montagne dans les colonnes du *JDD*.

Aller à la rencontre d'un père, d'un frère et d'une sœur pour leur demander d'évoquer leur fille et sœur disparue était une expérience que, durant ma carrière de journaliste, j'avais toujours réussi à éviter. Grand reporter, je m'étais toujours tenu à l'écart du fait divers, non par dédain mais par embarras, par gêne. La famille de Chantal m'a accueilli à bras ouverts quand je l'ai contactée pour la première fois. Bernard, le père, et François, le frère, m'ont reçu, nourri, écouté, parlé de très longues heures dans la maison familiale de Barberaz, allant jusqu'à me proposer d'entrer dans la chambre de Chantal, restée telle quelle ou presque depuis 1998. Ils m'ont aussi donné accès aux photos, carnets d'expédition et journaux intimes à une seule condition, ne pas m'étendre sur ce qu'elle écrivit au moment du décès de sa mère, en 1979. Un jour, Anne, sa sœur, a roulé depuis Briançon pour nous retrouver. Anne a beaucoup pleuré, j'en étais épouvantablement embarrassé, puis m'a expliqué que mon travail lui faisait du bien, lui « ouvrait des portes ». Elle m'a, elle aussi, raconté Chantal, sa sœur, surpassant son chagrin, elle qui n'avait jamais voulu ouvrir les carnets d'expé conservés dans une boîte en osier. Un soir, avec François, une de ses filles qui a le même sourire que sa tante, et Anne, nous avons dîné dans le vieux Chambéry. Comme réunis par Chantal. Ce fut étonnement joyeux. À tous, j'exprime ma gratitude, mon amitié et mes remerciements les plus sincères. Je veux aussi dire aux rares personnes qui ont connu Chantal mais n'ont pas souhaité me rencontrer, m'expliquant tous aimablement les raisons de leur refus, sauf un, que je ne leur en veux pas mais que ce livre aurait été plus riche avec eux que sans eux. Et qu'il faut savoir accorder sa confiance à un inconnu s'il est bien intentionné.

J'embrasse ma compagne, Muriel Roccati qui, me voyant plongé dans l'écriture passionnée de cette biographie qui s'ajoutait à d'autres travaux littéraires entrepris en même temps, a été d'une patience, d'une complicité et d'une joie de vivre de tous les instants.

Merci à Jean-Michel Asselin, Marc Batard, Pascale Blanchet, François Carrel, Frédérique Delrieu, Denis Ducroz, Dominique Fassetta, Michel Fauquet, Fabien Ibarra, Pierre Mazeaud, Pierre Neyret, Michel Pellé, Mick Régnier, Priscilla Telmon, André Velter, Michel Vincent, Daniel Zanin pour leur aide précieuse et le temps qu'ils m'ont consacré. Frédérique, André, Mick et Pierre, merci du fond du cœur.

Je remercie chaleureusement Sylvie Duyck-Dunoyer, avec qui j'avais interviewé Chantal Mauduit pour ses encouragements, les heures passées à embellir le texte, à traquer étourderies et oublis d'accents circonflexes.

Depuis l'inauguration d'une école au Népal en 2001, l'Association Chantal Mauduit Namasté fournit un travail remarquable pour aider les enfants, notamment les filles, à être scolarisés près de Katmandou. Il est possible, en contactant l'association, de parrainer, seul ou à plusieurs, un enfant et de lui permettre d'accéder à la scolarité, en respectant qui plus est l'amour que Chantal Mauduit portait aux arts.

www.chantalmauduit.org
56, rue du Faubourg Saint-Antoine
75012 Paris
Tél. +33 (0)1 43 46 31 00
info@chantalmauduit.org

LES PRINCIPALES DATES DE LA VIE DE CHANTAL MAUDUIT

1964

Chantal Mauduit naît à Paris (15ᵉ) le 24 mars. Après François et Anne, elle est le troisième enfant de Bernard et Renée.

1966

Après plusieurs séjours passés dans la région, les parents Mauduit achètent un terrain à Sixt (Haute-Savoie) sur lequel ils feront construire un chalet. Le chalet existe toujours. C'est ici que Chantal apprend à skier, effectue ses premières descentes en luge et marches en montagne.

1969

La famille Mauduit quitte la région parisienne et emménage à Chambéry pour le plus grand bonheur des trois enfants qui deviendront tous d'excellents skieurs.

1974

Âgée de 10 ans, Chantal écrit dans son journal intime : « J'aimerais faire de l'alpinisme, malgré les dangers qui nous épient, malgré les séracs, les corniches, les avalanches. » Plus tard, au mois de juin, elle écrit aussi, en rouge : « Maman a un cancer au saint. » *(sic)*

1975

Sur les conseils de sa mère, Chantal, en classe de 5e, lit *Le Premier Cercle* de Soljenitsyne en dix jours.

1978 ou 1979

Une photo de Chantal, alors membre du club de ski chambérien du TCAM et brandissant une coupe, est publiée dans le *Dauphiné Libéré*. Sélectionnée en équipe de Savoie citadine, la jeune skieuse rêve de devenir une championne.

1979

Elle pratique l'escalade en douce, à l'insu de ses parents, avec une copine, à Saint-Cassin. Puis ses parents, qui lui refusent d'intégrer un sport-étude, lui offrent toutefois un premier stage. Sa mère Renée décède d'un cancer au mois de novembre.

1980

Bernard Mauduit emmène ses trois enfants en vacances d'été dans le Queyras. Premiers 3 000 pour Chantal.

1981

Elle décroche son baccalauréat D, tente mais rate le concours de kinésithérapeute. S'inscrit en première année de médecine à Lyon avec l'intention de repasser le concours de kiné. Y rejoint sa sœur Anne. Début de son histoire d'amour avec Pierre Neyret, copain de lycée à Chambéry. Débute l'escalade l'été. Mont Blanc du Tacul, premier 4 000.

1982

Elle réussit le concours de kinésithérapeute. Aiguille du Tour (3 540 mètres), aiguille d'Argentière (3 901 mètres), couloir des *Italiens* à la Grande Casse, mont Maudit (4 465 mètres) en solo… *Directe américaine* aux Drus, *Supercouloir* au mont Blanc du Tacul, face nord des Droites, voie *Major* au mont Blanc, face sud de la Meije.

1983

Première rupture des ligaments croisés du genou. Deuxième blessure similaire en 1995. Pour rire, le 21 juillet, elle écrit : « Je pars pour le K2 l'an prochain !

Au cours des années à venir, dans les Alpes, elle réalisera aussi la *Walker* en face nord des Grandes Jorasses (dans la journée), la face ouest des Petites Jorasses, les faces nord hivernales des Droites, Courtes, Aiguille du Midi, Chardonnet. Nombreuses voies au mont Blanc : arête de Peuterey et pilier central du Frêney, et en solo : *Innominata*, *Major* et *Brenva*. Face nord et directe de la Meije.

1987

Apprend toute seule le parapente.

1988

Durant l'été, départ pour la Bolivie et le Pérou. Urus (5 420 mètres), Tocllaraju (6 035 mètres, son premier 6 000) et Huascaran (6 768 mètres).

1989

En avril, Chantal est sélectionnée par la Fédération française de la montagne et de l'alpinisme pour effectuer un stage d'escalade de glace au Canada. Le 14 juillet 1989, elle est également choisie pour agiter le drapeau tricolore dessiné par Jean-Marie Folon dans la Jackson Hole Valley, dans le Wyoming, pour commémorer le bicentenaire de la Révolution française. Elle découvre le Yosemite.

À l'automne, première tentative à l'Everest au sein de l'expédition montée par Claude Jaccoux et Michel Vincent. S'arrête à 8 000 mètres. Première de ses sept tentatives qui se solderont toutes par un échec.

1990
Chantal se blesse en redescendant du mont Blanc alors qu'elle devait repartir à l'Everest au sein de l'expédition montée par Marc Batard. Plusieurs membres de l'expé parviennent au sommet (8 848 mètres) dont Christine Janin, qui devient la première Française sur le Toit du monde.

1991
Deuxième tentative à l'Everest avec Norbert Joos, Louis Deubo, Hans Kessler, Michel Ducher, Pietrino Giuliani. Deuxième échec, à 8 000.

Troisième tentative en septembre. Elle fait la rencontre de son amie Frédérique Delrieu et devient la marraine d'un enfant népalais, Lakpa.

1992
Janvier : en Patagonie avec l'Américain Thor Kieser, qui se blesse au Fitz Roy (3 405 mètres).

Mars : quatrième tentative à l'Everest avec Denis Chatrefou, Tof Reveret, Christian Lovato, Fred Foucher, Antoine Melchior. Parvient au sommet Sud (8 755 mètres).

3 août : à 17 heures, seule au sommet du K2 (8 611 mètres), son premier 8 000. Épuisée et à demi-aveugle à la descente, elle est assistée par les Américains Ed Viesturs et Scott Fisher, montés à sa rencontre.

1993

Printemps : cinquième tentative à l'Everest (expé neo-zélandaise et américaine). Fait la connaissance de Ang Tsering, son futur ami et compagnon d'ascension, originaire de Thame dans le Khumbu. Renonce une nouvelle fois au sommet Sud.

4 octobre : Shishapangma (8 046 mètres, deuxième 8 000), par la face sud avec Oscar Cadiach et Manel de la Matta.

31 octobre : Cho Oyu (8 201 mètres, troisième 8 000).

1994

En Antarctique, à bord du *Pelagic* avec le guide et réalisateur Denis Ducroz.

Printemps : sixième tentative à l'Everest.

Automne : tentative au Manaslu (renonce à 7 500 mètres). Voyage en Thaïlande.

1995

Septième et ultime tentative à l'Everest (expé néo-zélandaise).

Projet d'intégrer une team Pepsi-Cola destinée à la sponsoriser et qui ne verra jamais le jour, malgré son objectif annoncé d'enchaîner les quatorze sommets de plus de 8 000 mètres en quatre ans.

1996

Sommet du Pumori (7 161 mètres)

10 mai : seule sans oxygène au sommet du Lhotse (8 516 mètres, quatrième 8 000), première féminine. Assiste d'en face à la tragédie à l'Everest.

24 mai : seule au sommet du Manaslu (8 163 mètres, cinquième 8 000). Jacques Chirac, président de la République, lui écrit : « Nous sommes très fiers de vous ». Sponsorisée par les montres Sector, prise en charge par l'agence de communication Éolienne.

13 juin : elle rencontre pour la première fois André Velter, ils tombent amoureux. Tentative à l'Annapurna (Adonis expé) avec Nacho Orviz, renonce à cause du froid.

1997

Voyages au Maroc et aux États-Unis (El Cap au Yosemite).

17 juillet : Gasherbrum II (8 035 mètres, sixième 8 000) avec Nacho Orviz.

Première tentative au Dhaulagiri (8 167 mètres). S'oppose violemment au projet d'expédition franco-chinoise à l'Everest voulue par la Fédération française de la montagne et de l'alpinisme. Publie *J'habite au Paradis* (Lattès). Rencontre le dalaï-lama à Dharamsala.

1998

Deuxième tentative au Dhaulagiri.

11 mai : Les corps de Chantal Mauduit et Ang Tsering sont retrouvés au camp 2, à 6 300 mètres d'altitude. Leur tente a été à moitié ensevelie par une petite avalanche.

13 mai : Les décès sont constatés par le médecin de l'ambassade de France à Katmandou.

29 mai : Obsèques de Chantal Mauduit à Chambéry. Création de l'Association Chantal Mauduit Namasté.

2001
Ouverture de l'école Chantal-Mauduit à Podgari, près de Katmandou.

La République des rumeurs (Flammarion, 2016).
Chaque visage a une histoire, avec le Pr Laurent Lantieri (Flammarion, 2012).
Chasseur de nazis, avec Efraim Zuroff (Michel Lafon, 2008).

Alexandre Duyck a aussi contribué à l'écriture de *Mémoires,* de Serge et Beate Klarsfeld (Fayard-Flammarion, 2015).

TABLE DES MATIÈRES

Il a été tiré de cet ouvrage
1 000 exemplaires numérotés,
le tout constituant l'édition originale.

TIRAGE LIMITÉ
EXEMPLAIRE
NUMÉROTÉ

0608

Paulsen

Achevé d'imprimer par Ermes Graphics
à Turin (Italie) en mars 2016
Dépôt légal : avril 2016
ISBN : 978-2-35221-180-8